人との素晴らしき出会い

——国語教師として生きて来て——

ひろしま国語教育太河の会 編

溪水社

まえがき

二年前に『広島市小学校国語教育の歩み——戦後——』を刊行しましたところ、多くの方からいろいろのお言葉をいただき嬉しく思いました。

私たちのして来たことの概要を記録し残して参考にもしていただければとの思いでまとめましたが、骨子だけの記述にとどまり実態・実情の詳細を述べるまでにはいたりませんでした。

この度は、忘れ難い真実の相をお聞きしていただければと思い、多くの同志に執筆していただきました。過去をうけて現在があり、現在が因となって未来が生まれ来ると思います。戦後を、多くの人がいろいろに論じていられますが、私たちは、混在と思うばかりです。その混在の中にあって煌くもの、教育という場に生きていての素晴らしい出会いを私たちは忘れることはできません。そして、その珠玉のような思念が未来につながることを希ってやみません。

表題に沿ってそれぞれの者が実体験の一端を素直に述べました一文一文が、未来志向の一助にもなりませばありがたいことです。いろいろとご教示も賜りませば幸甚です。

平成十四年八月

安田平一

人、この素晴らしき出会い

目次

第三章　歩んできた道

題　字　足立柳子
表紙絵　隅井竹一

第一章　子どもが私を変えた

一、私の歌をきいてください

――幸子の手紙――

土屋隆夫

手紙を整理していて、ふと目に止まったのが、幸子からの手紙である。縦長の白の二重封筒に、鉛筆で、右端に寄せて、わたし宛の住所と氏名を書いている。

五年生の担任として、幸子を受け持った当時、幸子は、ひらがなが全部読めず、文を書くことは困難な状態であった。毎日、全員に提出するようにしていた生活ノート（日記）には、幼児が描くような絵をかいて、見せてくれていた。その絵の話を聞いて、わたしは、「上手にお話ができたよ。」「絵がおもしろいね。」と、赤ペンで、二重丸、三重丸をつけて誉めた。絵にふさわしい「なわとび」「ぼうるなげ」「てつぼう」などのことばを書き添えると、よろこんで、そのことばを鉛筆でなぞっては、また、見せにきていた。赤丸が増えるたびに、仲よしの友達に見せる幸子の表情は、とても明かるかった。

この手紙を書いて送ってくれたころの幸子は、小学校を卒業して、中学校研究学級の一年生に在籍していた。

封筒の中には、たった一枚の便せんを丸めるように折って、入れてあった。幸子が、鉛筆をなめながら書いたのであろう、漢字かな混じりで、右に寄り、左に寄りした整わない字形を一文字ずつ判読するのに時間がかかった。

手紙の全文は、次のようになっている。

「先生、元気ですか。私も元気です。
私の歌をきいてください。

（ふるさと）

一　うさぎ　おーいし　かのやま
こぶな　つーりし　かのかわ
ゆーめーは、いーまも
めーぐーりーて
わすれがたき　ふるさと

二　いかにいーます父母　つつが
なーしや　ともがき
雨ーめに　かーぜに
つーけーても
おもい　いずるふるさと

三　心ざーしを　はたしてー
いつの日にか、かえらん
やーまは　あーおき
ふーるーさーと　みずはきーよき
ふるさと

さよなら　幸子より」

（名前のほかは原文のママ）

一枚の便せんいっぱいに、一九行で書いている。「私の歌をきいてください。」――幸子は、（ふるさと）を一ばんから三ばんまで、丁寧に歌って聞かせてくれたのであろう。のばして歌うところを（ー）を使って書いている。文字を一字一字たどるうちに、素直で、純真無垢な幸子の胸中にあるものが伝わってくるのを感じた。

六年生最後の学年音楽会までに、幸子が、ふるさとの歌詞を覚えられるようにと、仲よしの友達と幸子とわたしは、折りを見ては、なん度も、なん度も歌う練習をした。

小柄な幸子は、おさげ髪を両耳に掛けるようにして、恥ずかしそうな面持ちで歌った。口をまあるくあけて、わたしの口の動きに合わせるようにして歌う姿が浮かんできた。

卒業式の前々日、学級でのお別れ会をした。企画・運営・進行など、子どもたちの手によって行われた。

教室内の飾り付けにくふうがなされ、プログラムの書かれた正面黒板の周囲は、手分けして作られた色とりどりの造花で飾られていた。上部中央の大きなピンク色のバラは、幸子が、仲よしの友達と一緒に作ったのだと、得意になって話していた。

パントマイム、趣向を凝らした劇、グループによる合唱、それまでに披露したこともなかった手品や落語などが演じられた。わたしは、二年間担任してきた子どもたちの、ほんとうの姿にふれたようで、演じられる一曲、一芸に見入り、聞き入り、かつ、笑い興じた。

司会者から、「先生も、何かひとつお願いします。」の要望があり、それに応えて、わたしは、まだ聞かせたことのない「音戸の舟唄」を披露した。

そのあと、つぎのような提案をした。

「みなさんの知恵と協力で催された、きょうのお別れ会は、演じられたものは、いずれも熱演で、これで終わるのは惜しい思いがする。

そこで、一つ提案をしたい。

みなさんが、最後の学年音楽会で合唱した『ふるさと』は、すばらしい出来映えであった。だれに聞いてもらっても恥ずかしくない、みなさんのあのきれいな歌声は、いつまでもわたしの胸の奥底に、心の中にとどめておいて忘れまい。『ふるさと』は、小学校時代から歌ってきた、わたしの愛唱歌の一つでもある。きょうは、みなさんといっしょに合唱したい。」と。

O君の指揮で、伴奏はT子、わたしは最前列端の幸子のそばで高音を歌った。合唱の出だしは好調であった。しかし、二ばんの後半から、指揮者の目が潤み、指揮の手に乱れが感じられた。子どもたちも、胸に込み上げてくるものを押えようと努めているようであった。三ばんは、歌声にならない。こらえきれなくなった伴奏者は、両手を顔に押し当ててしまった。幸子も、うつむいてしまっている。

「先生、きょうは、歌われんよう……。」

　「幸子さん、お手紙をありがとう。卒業してから、もう、一年がたちましたね。最後の学年音楽会のことや、お別れ会で『ふるさと』を合唱したことなどをなつかしく思い浮かべながら読ませてもらいました。きょうは、わたしの歌を聞いてください。」

　このあとに続けて、わたしは、幸子が歌ってくれたように、「ふるさと」を口ずさみながら、一ばんから三ばんまで、一字、一字丁寧に書いて、幸子に返事を送ったのだった。

二、なせばなる

大上勝三

四月、私は教え子　英子から、うれしい手紙をもらった。

「先生、おかげでこの四月から、私も一人の教師として、子供達の前に立つことが出来るようになりました。私の小学校時代をふりかえると、本当に夢のような気がします。これも先生始め、クラスの友達あってこそと、心から感謝しています。私も、これから受けもった子供達を一人残らず愛する事が出来る教師としてがんばっていきたいと思います。どうかよろしくお願いします。」

私と英子との出会いは、小学五年生の時から始まる。

英子は赤ちゃんの頃に熱病にかかり、消化不良で、栄養失調になった子だった。四つの年まで立って歩く事が出来なかった。すわり歩きをしていたのである。上のお姉さん達は体格もよく、成績も良かったので、

「英子は、馬鹿だ。馬鹿だ。」

と、言われて育っていた。そう言われればそのように育つ。何事にも自信が無く、なげやりである。特にひどいのは走る事であった。四つまで立てなかったのだから無理はない。体育の時間に、英子といっしょの組になると、リレーはびりに決まっていた。四年生の時までは、クラスの者から、

「やあ、英ちゃんが来た。私達ついてない。」

と嫌われていた。これでは英子も学校に来るのがいやになる。体育のある曜日などは、登校拒否で学校に来ない日が多かった。

五年生になって、この英子を私が受けもつことになった。学校である以上、教え子達の中には、程度の差こそあれ、さまざまな障害を持つ子がいるのは当りまえの事である。

私は常々、こうしたハンディのある子を、どう育てていくか、考えたあげく辿りついた結論は、いたずらに障害に甘えさせないと、いう事であった。「どうせ私はだめなんだ。」と逃げるなという事だった。一個の人間として、個を確立し、お互いに対等の立場で、支えあって生きていく。いたずらに同情を求める事ではない。この信念であった。クラス全体の支えあう姿も大事なこととして考えた。

三重苦のヘレン・ケラーの話もよくした。目が見えなくても、耳が聞こえなくても、自分を見失わず、やる気を持ち続けるならば、『光の聖者』と言われ、全世界の障害を持つ人々に希望をかかげさせた。偉大な人物になっていけるのである。

突発性のエソのため、四歳で両手両足を失った

中村久子さんの話もよくした。私は直接お会いしたこともあるので、子供達に語るのに熱がこもった。英子も四歳まで立てなかったのである。英子をたちなおらせる為にもの心もあった。手が無くとも、口に筆をくわえて、素晴らしい書をすらすらと書く久子さん。幾多の苦難を乗りこえられながら、仏様のような笑顔。何ともいえない親しみを感じ、心からなる感動を覚えたものである。

久子さんの座右の銘

「なせばなる　なさねばならぬ　何事も
　ならぬは人の　なさぬなりけり。」

この言葉は、私の教育者としての信念になり、子供達に常に言っていた。クラス会の時、

「大上先生は、いつも『なせばなる』だった。私達も、それでがんばったけどね。」

と、いつも言ってくれる。

さて、こうして迎えた英子、学級も五年生で組替えとなり、全く新しいふんい気。まず、学級の目標が決められた。

「お互いに助けあう学級」である。

一人の喜びが、みんなの喜びとなり
一人の悲しみが、みんなの悲しみとなる。

この気持でがんばろうという事になったのである。

それから、しばらくして、体育のある日に、また英子は学校を休んだ。すると、子供達の中から、どうしたら英ちゃんが、元気で学校に来られるようになるか、学級会を開いたらとの提案がなされた。学級の一歩前進だった。

早速開かれた学級会で、

「先生、リレーの時、英ちゃんの組に、このクラスで、女子で一番速い法ちゃんを入れたらどうですか。そうすると、力が同じぐらいになって、皆が不平を言わないんじゃないですか。英ちゃんの走る距離を短くして、法ちゃんの走る距離を長くすると、うまくいくんじゃないかと思います

けど。」

　これは、学級委員をしていた怜子の意見である。ただ単に、組に法ちゃんを入れるだけでなく、走る距離まで考えた点は、いっしょうけんめいに考えたものである。

　私は首をかしげて考えていた。これで英子が喜ぶか疑問だと思いながら、

「皆さん。今の意見どうですか。」

　議長が、皆に聞いている。すると、「ハイ」と言って手をあげたのは敬子だった。

「私も、今の怜子さんの意見には賛成ですが、少し違います。あれでは、英ちゃんあまり喜ばないのではないですか。自分は努力しなくて、人に同情されるだけです。それより、私考えたんですけど、皆さんも知ってのように、私は少しデブです。それで逆上りが苦手だったのです。練習していると、男子にひやかされたりして、とても、いやでした。何度練習やめようと思ったか、でも、お母さんに励まされ、それに、友達や先生に元気づけられて、とうとう出来るようになりました。あの時のうれしさは最高でした。

　だから、英ちゃんも、走れないとあきらめないで、毎日走る練習をしたらどうかと思います。先生の言われる『なせばなるです』私は英ちゃんの家と近いから、毎朝マラソンをいっしょにやったらと思います。」

　こう言って静かに坐った敬子ちゃんに、皆がいっせいに拍手を送った。本当にいい意見だ。私の願い、祈りはここにあった。まさに、そのものずばり、よくぞ言ってくれたと、私は天に謝する思いであった。

　この案は英子も素直に受け入れた。こうして、英子の走る練習は、三人の友達を加えて早朝マラソンとして続いていった。まさに、「なせばなる」毎日走るうちに、英子がくらげのように横に振っていた手が、前後に正しく振られるようになった。

フォームが治ったのである。英子の記録は徐々に上がっていった。五十メートル十一秒五から、九・七秒。全国平均でいうと、二年生から四年生まで、変わった事になった。

あの遅かった英子が、まず人並に走れるようになった。この波及効果は大きかった。今まで、自分は速くないとあきらめていた子が、フォームの違いに気づき、毎朝走るようになった。学級の走力平均が二秒も縮まったのである。まさに、みんなは一人のために、一人はみんなのために、お互いに助けあい、支えあって学級全員の向上を見たのである。

私は、これが、共に楽しく生きる根本と思う。単なる同情では、真の連帯は生まれないと信じている。

こうして、英子は生まれかわった。何事も自信を持ってやりだした。「なせばなる」という事が、自らの体験で悟られたのである。もともと頭は悪くなかったので、学力も急上昇していった。卒業時点ではトップクラスになっていた。鈴木三重吉賞にも入賞した。

英子は、その後も順調に伸びていった。念願の教員試験も無事合格し、冒頭の手紙となったのである。毎年元旦には、英子の賀状が届く。教師としての喜びのひとときである。

人の一生には、さまざまの出会いがある。私は中村久子さんとの出会いで、すばらしい言葉の贈りものを頂いた。その言葉を杖として幾人の子供を育てたか、心からの感謝の下、再度書きとどめてこの稿を終わる。

「なせばなる　なさねばならぬ　何事も
ならぬは人の　なさぬなりけり。」

三、子どもの思いに

細　井　　迪

事実や思いをありのままに表現することは個を大切にする教育にとって極めて大切である。私は、作品に表れた子どもの思いに心を寄せてこそ、真の教育があると考えている。

ダイコンの芽

小五　K男

朝、ダイコンの小さな芽が、ひょろひょろと生えていた。

学校に行くと、雨がザァーと降ってきた。強い雨、ダイコンの小さなくきや芽はもつかな――と思った。

家に帰って見ると、やっぱりもたなかったのか、小さなくきが折れていた。

私は、K男がこんなに優しい心の持ち主だったとはと、子どもを見る目の至らなさを悔いた。以来、私が子どもの言動に、より十分の配慮をと努めた開眼の作品の一つでもある。

ぼくの長所

小五　T男

ぼくが　おとうちゃんに
「ぼくの長所　言って」

と聞くと、

「手伝いをよくして　明るくてね。」

と言った。

すると　おかあちゃんが
「まあまあがつくんじゃけんね。」

と言った。

こんどは　おじいちゃんが
「『どこをいうてもええ子よ』と、先生に言うとけ。」

と言った。

「子どもは褒めて育てる」という。認められ信頼されることは、だれでもうれしい。

新しい学年の初めに、「どんな子ですか」でなく、「この子のいいところは」を、今日の宿題として保護者に課したものである。

「いいところさがし」は、子どもや家庭が分かり、子育て、学級づくりに有効である。

あしたのテストも

小五　A子

きょうの社会のテストは一〇〇点だったので、とてもうれしかった。

あしたの算数のテストも一〇〇点をとろうとがんばった。自分で考えてテストをしたり教科書を読んだりした。

○ひとりでがんばってるのはいいけど、あまり点とり虫にはならないでね。（母）

○よい点をとろうと思ったら「点とり虫」

悪い点をとったら「だめじゃあないの」

これじゃあどうしたらいいのかわからなくなっちゃう。どうしたらいいの、ねえ、教えて　ママ。（先生）

心配はわかるけど、せっかく張り切っている子どもに、水をかけるような母の赤ペン。子ども達に、「先生は私達の味方」の思いを常に抱かせたい。子どもの思いに心を寄せて作品を読みとることの大切さを強く感じる。

私　の　夢

小五　S子

私の夢は、小鳥や動物と話せる機械を作ることです。最近、だいじにしていたヒヨコが目の前で猫にとられる、セキセイインコが九官鳥にかまれてけがをさせられる、という事件が続いてありました。

薬をつけながら、

「猫がおるからにげんさい。九官鳥の所に行かんの。セキセイインコをかんだらだめ。」

と言ったら、こんなことにならなくてすんだのに。

みんなことばが通じないからです。……


この温かい作文を前に、私は考えていた。

「うーん、何とすばらしい夢だろう。でも、S子は声が小さいからな……」と。そこで、S子や声の小さい子のために、全員がマイクを使っての「私の夢」発表会を計画した。

当日は、みんないつも以上に張り切って、何度も推敲し直した自分の作品を発表した。S子の発表には、もちろんものすごい拍手。

それ以後、友達の発表に耳を傾ける子が増えるとともに、S子達の声も大きくなった。

おとうさん早く帰って来て

小五　K子

きょうの夕食は
おとうさんの帰りがおそいので
母と妹と三人で食べた。
みんなだまって食べる。
おかあさんに
「おとうさん　おそいね。」
と言うと
「きのうの夜も帰ってこんかったんよ。ずっと待ってたのに。」
と言った。
それからも　みんなだまっていた。
おかあさんがはやく食べて　ふとんにねころがった。
あとにのこされたのは　私と妹
わたしは　おとうさんのすわるいすを見た。
（おとうさん　早く帰って来て）

K子の気持を、お父さんもお母さんもわかって欲しいと思う。私は、「この詩、そっと机の上に置いといてごらん。」と言った。

K子は、にっこりして、「うん、わかった。」と、うなずいた。

るす番

小六　Y子

しょうじをあけると
むかいがわの社宅のあかりが見える。
わたしは
水てきのいっぱいついた窓ガラスに
指で絵をかいてみた。
あと十分で　九時になる。
だれもいないへやで
一人でこたつにあたりながら
帰りがいつになるかわからない家族を
わたしは待っている。

Y子は、「夜おそく、ひとりでるす番しているときのようすをあらわした。」と、取材の欄に述べている。

六年生とはいえ、夜遅くまでいつ帰るとも知れない家族を待つY子は強いと感じ、文集にとりあげた。この詩には、さびしくてたまらない気持ちが十分に表れている。また、それに負けまいとするいじらしさが胸を打つ。温かく見守ってやりたいと強く思った。

イワシ売り

小六　K男

家へ帰るとちゅう、イワシを買いに行った。ぼくはおどろいた。

この寒いのに、こおりの中にまで手をつっこみ、イワシをとり出したり、イワシの頭やほねなどをのけたりしている。

ぼくは、おばさんがかわいそうになったので、おかあちゃんに、

「頭、とらんでもいいね。」

というと、

「そうしんさい。」

といったので　そうした。

イワシ売りも楽じゃないなと思った。

冷雨が降ったり、小雪が舞ったりする中でも、白い息を吐きながら泥まみれでサッカーの練習に励むK男。だから、こんなに感動的な日記が生まれるのだと思う。

　練習の厳しさとイワシ売りのおばさんのつらさが同化して、自然に出た優しい言葉。頷く母親、感謝するおばさん、絵になる。

ラジオ放送を聞いて

小六　H子

人間は、みんな平等なのだ。

福沢諭吉も言っている。

「天は人の上に人を作らず　人の下に人を作らず」と。

　地主ルーサーは、黒人のおじいさんたち家族を追い出すためにうそをついて、おじいさんを保安官に引き渡したのは、ひきょうだ。

　べんご士だって、正しいと思ったら人種差別にこだわらず、おじいさんを助けてあげたらいいのに。

　このころの白人って、ひきょうだなと思った。でも、やさしい人もいるだろう。その人たちがだんけつして、人種差別をなくせばいいのにと思った。

　「思ったことをズバリ」の目標に添って、聴きながらメモし、それを生かした作品である。多くの子ども達が、人種差別に怒りを覚え、社会科で学んだことを基に、自分らしい思いを的確に表現することができた。
　私は、この子ども達と、映画「橋のない川」を体育館で鑑賞し追究したことを思い出す。そして
　母の一番上の兄は戦死、二番めの兄も同じく戦死。戦争とはどういうものだろう。
　今でも戦争は続いている。ベトナムでは、かわいそうな子ども達がたくさんいる。（後略）という
T子などの、心をゆさぶる「平和について」の意見文を残して、みんな卒業して行ったことも。

四、忘れ得ぬもの

宮崎　定

一、五十年目のクラス会

平成十一年（一九九九年）十一月、かつて岐阜県の山里の中学校で担任した生徒達が、五十年目のクラス会というので、貸切バスで五百キロ、はるばると尋ねて来てくれました。感激しました。

一夜、宮島のグランドホテルで懇親会を持ちました。散会となった後も、みんな私の部屋に集まり、それぞれ自分の人生五十年を語ってくれました。

みんなこれが、「私の人生」と言える素晴らしい話ばかりでした。私はその一人ひとりの人生に、心からの拍手を贈りました。深夜二時、話は尽きませんでしたが、再会を約してお開きとしました。

終わって帰ると、すぐその感動を礼状として送りました。その時、全く自然に次のような詩が生まれ、それを添えました。

五十年目のクラス会

七十四歳の
じいちゃん先生が
泣きました
六十五歳の
じいちゃん
ばあちゃん生徒も
泣きました

過ぎ去った月日が
逆さに流れて
若い先生と
生徒達にもどって
泣きました

五十年目のクラス会でした

思えば昭和二十二年（一九四七年）新制中学校制度が発足した時、岐阜県の山里の中学校で、私の教員生活はスタートしました。そして、この子達を担任したのでした。

一年生が三十三人、二年生が二十二人、三年生は一人もいない、全校生徒五十五人。教員五人。校長先生は小中校兼任、中学校の校舎は勿論ありません。小学校の空き教室を当てての開校でした。

私が担任した一年生の教室は、講堂の西側の工作室でした。壁が多くて窓は少なく、照明は天井の真ん中にたった一つ、ポツンと裸電球が下がっているだけでした。床は根太が腐っていたのか、緩んでいたのか、歩く度にぶよんぶよんと波打つのでした。

教材教具一切なし。あったのは塗りの悪い黒板とチョークだけ。それと、私達（教員）のやる気と生徒達の澄んで輝いていた瞳だけ。

でも、振り返ってみるに、それはとっても素晴らしいことでした。これだけあれば教育はできたのです。校内暴力も学級崩壊もありませんでした。

私はこの学級を卒業まで担任しました。

色の変わってしまった当時の辞令通知書に

補　岐阜県曽木村立曽木中学校教諭

手当　月額弐拾円給与

と、ありました。戦後一番インフレの激しい時代でしたから、就職一ヶ月で月額四百三十円になりました。

それでも、食っていけません。生きていけません。教員にはなり手のない時代でした。そのなり手のない教員であったことは、またとっても幸せなことでした。なり手のない仕事をしている誇りと強さがありました。

お陰で掛け替えのない、懐かしい思い出も持つことができました。

「でも・しか先生」と陰口をたたかれ、多分いつも、雑炊腹を空かせていたと思いますが、辛いと思ったことはありませんでした。自炊をしていた教員住宅には、時々そっと、白米の差し入れがありました。私の安月給を知っておられた、保護者の方々だったと思います。ありがたいことでした。

今から考えると、私の目は生徒達だけに向いていて、校長先生や教頭先生、仲間の先生方、保護者の方々などは、全く見えておりませんでした。申し訳ない次第でした。

できたての学校には、生徒達が投げるボール一個、読む一冊の本すらありませんでした。だから、それらを求めるために、生徒達と共同作業をして、資金稼ぎをしようと思い立ちました。私の一存でした。

そこで、夏休み前に生徒達に諮ったところ全員賛成で、薪(束木)の山出しを決めました。夏の三日間は激しい作業でしたが、一人も音をあげずやり遂げました。

一束いくらで、汗を流して稼いだお金で、投げるボール・打つバットなどを求め、ささやかな学級文庫も作りました。

生徒達はボール遊びに興じ、読書を楽しみました。そうした時「あの教員は無茶なことをする。」という声が聞こえて来ました。私は気付かなかったのですが、生徒の中にきつい作業と暑さのために下痢をした者がいたのでした。

若さと未経験、私の配慮不足から起こしたことでしたが、私はそれを聞くと、腹が立って納まらず、自分の無分別には気付かず、うわさの元とされる方の所へ抗議に行きました。

「一個のボールも一冊の本もありません。村は一体、新制中学校にどれだけの予算を組んでくださったのですか。だから……」

そんなことを言ったと思います。その方は私の主張を聞き入れて下さいました。でも考えてみれば、そうしたことができたり、言えたのは、私の無鉄砲さだけではなく、教員になり手のない時代だったからだと思います。振り返ってみれば、古き良き時代でした。

その翌年は、前年の反省に立って、今度は秋野菜の種子売りをすることにしました。種子商をしていた友人から卸値で分けてもらい、それを一勺、二勺の小袋に分けて準備しました。八畳一間に三尺の縁側、二畳の玄関の間、私が住んでいた教員住宅に、三十人余の生徒が集まって、ワイワイ、ガヤガヤ、一勺二勺という小袋に詰める作業をしました。

いかに田舎とは言え、私には扇風機もありませんでしたから、さぞ、暑かったろうと思いますが、なぜかその記憶はありません。

その翌日、生徒達は手分けをして、近郷、近村へ売りに行きました。そして、その一日で一斗、二斗という、大根や白菜の種子を売り尽くし、「先生！　売れたよ！」と、意気揚々と帰って来ました。売り残した生徒は一人もいませんでした。

こうして教室の外でも、一緒に汗を流したことが、私達の絆を一層強くしたのかも知れません。

こんなこともありました。始業式の日に出席をとると、ある生徒が、

「先生、ミキちゃん（仮名）は来ないよ。六年生のときも、一日も来んかったよ。」

と言いました。それを聞くと、私はすぐ家庭訪問を思い立ちました。ミキちゃんの家は農家で、お母さんは家の前の田で草取りをしておられました。私はお母さんに、新任と担任のあいさつをし、明日から学校へミキちゃんを来させるように頼みました。そして田の畦に黙って立って聞いていたミ

キちゃんに、

「ミキちゃん、明日から学校へ来るんよ。」

と言って帰りました。ただそれだけだったと思いますが、ミキちゃんは次の日からちゃんと、学校へ来るようになりました。

でも、ミキちゃんが口をきいた記憶はありませんし、私もどういう訳か、口をきかそうと努力したり、働きかけたりはしなかったようです。それでもミキちゃんは三年間、きちんと出席し、卒業して行きました。

学校時代は、口をきかなかったミキちゃんも、結婚し子供にも恵まれていると聞いています。案外に口うるさい母親になっているのかも知れません。

国語の授業の中では、教材に応じて、俳句や短歌を作らせました。そうした中で、今も忘れられないのは、両足が不自由で、松葉杖で通学していた女生徒の俳句でした。

もて遊ぶ砂の温みや春日和

いかにも彼女の生活の歌でした。スポーツや身体的な遊びのできなかった暮らしの中での、慰めや癒しの思いがうかがえました。

また、勉強が余り得意でなかったK君が詠んだ

薪しょいに遠くの山に登ったら
　御嶽山がきれいだったよ

の短歌は、素直で感動的で、また当時の農山村の子供の生活の歌でもありました。

私は今も我流の歌に親しんでいますが、これはK君の影響かも知れません。また私の国語教育の萌芽かも知れません。

五十年目のクラス会の礼状の末尾に、曽木中学校での三年間は、私の人生の宝物です。神様が私に下さった宝物です。と記しました。

私の三十八年に及んだ教員生活の土台を造ってくれたのは、事実この三年間でした。教材研究のこと、授業展開のこと、生活指導のこと、保護者・

地域との連携のこと、などなど、みんなこの中学校の生徒と先生方。この地域と生活から学びました。

二、一年生――二人の思い出

昭和三十三年（一九五八年）私は初めて、小学校の一年生を担任しました。全く自信がなかったので、固くお断りしたのですが、当時の校長小畑稔先生に強制され説得されてのことでした。広島市立草津小学校でのことでした。しかしこれは、貴重な経験となり、また忘れられない思い出ともなりました。

一つは言葉のことでした。中学校から出発し、小学校も、高学年担任からいきなり一年生担任となったので、ついつい難しい言葉を遣って気付かずにいることでした。

四月下旬のある日、健康診断のために、給食のなかった一年生は一度下校させ、午後再び登校させることになりました。その旨を説明して、下校のあいさつが終った時のことでした。

Tという子供が、すたすた近づいて来て、

「せんせい、じゃあきょうは、いちおう　かえるんですか。」

というので、

「そう、一応帰って来るんよ。」

と答えてから、ハッとしました。入学間もない一年生相手に、私は「一応」などという言葉を遣っていたのです。

同時に、その難しい言葉をそつなく遣って鮮やかに問いかけて来たことに驚きました。そして、言葉の学習というものは、元来こうして聞いて行うものだということを、改めて教えてくれたことに気付きました。

Tはいわゆるガンボウな子でしたが、同時に利発な子でもありました。

そのTは成人間もないころ、事故死してしまいました。Tは私が転勤した後も、尋ねて来たり、便りをくれたりしていました。

家庭の事情で高校を早退し、その道の修業をして、住居を改装して喫茶店を営んでいました。店の名は自分の名をとって、Tとしていました。そして、父の入院費、家の生活費を稼いでいたようです。親思いの心根優しい子でした。釣り好きだった私に、釣り船の世話をしてくれたこともありました。

私は知りませんでしたが、Tは音楽が好きで、店を閉めた後、よく一人で海岸へ行き、そこでフルートを吹いていたそうです。またシンナーか何か、薬物に手を出していたらしく、そのために失神して海に落ち、水死したと聞きました。

きっと、青春の悩みが、薬物に手を出させたのでしょう。痛ましいことでした。

知らせを聞いてお悔みに行きました。Tの母親は自失したように仏壇の前にぺったりと座り込んでおられました。私は無力だった自分にさいなまれながら帰りました。

このTの死を知らせに来てくれたのが、当時阪大生だったSでした。

Sにもまた、忘れられない思い出があります。ある時Sの父親から

「銀製の懐中時計を持ち出したようですが、いくら聞いても答えません。先生一度聞いてみてもらえませんか。」

という相談を受けました。私は安易に、簡単なことと思い、二つ返事で引き受けました。

早速、Sを呼んで聞いてみました。Sはつるっとした顔をして至極あっさりと、なんでもないことのように、

「こうどうのねえ、てんじょうに　おいてある。」

と言いました。

私は安堵したもののまてよと思い、Sについて天井裏に上がってみました。そして、その意外な

広さにまず驚きました。Ｓはふだんの様子とはうらはらに、歩き慣れた廊下でも歩くように、とっとっとっと梁の上を渡って行きます。天井裏は、私達の知らない子供達の遊び場になっていたのかも知れません。

私は怖いので、屋根裏のケタにつかまりながら、おっかなびっくりついて行きました。Ｓはステージの上辺りの、スレート板の破れて穴のあいている所を指さし、

「ここに　おいとった。」

というのです。

「こんな所に置いたら、すぐに落っこちてしまうよ。」

「うーん、でも、ここに　おいとった。」

見回しても、銀時計らしい物はありません。

下に降りて、穴の下辺りを捜してみてもありません。そのうちＳは、ここにはないと言い出しました。問いただすと、

「こうごのほうの　たんぼにすてた。」

と言いました。

そこで、自転車の後ろにＳを乗せて、庚午町の田んぼに行きました。そして、Ｓのこの辺りという所で降ろし、捜させました。私もズボンをまくって入ろうとしましたが、「まてよ。」の疑念が再びわき、一人でやらせました。

五月でしたか、六月でしたか、稲はしゃがむと姿が見えないほどに伸びていました。私はサドルに腰掛けて、タバコを喫いながら待っていました。時々Ｓが顔を上げると、

「休んどったら　ダメだよ。まだ日は高いから、いっしょうけんめい捜しなさい。」

と、はっぱをかけていました。

そのうち泥だらけになったＳがのろのろと出て来て、

「せんせい、ここにはない。」

「じゃ、どこにあるの？」

「いえに　ある。」

「家のどこに。」

「もっきんのねえ、ふくろのなか。」

「今度は、本当だねえ。」

「うん。」

じゃあ、というので、どろんこのSを再び自転車に乗せ、学校に帰って手洗場・足洗場で洗ってやり、家に行きました。

玄関で待っていると、とんとんと二階から降りて来ました。下げていた木琴ケースの中に、問題の銀時計は確かに入っていました。私はSの頭をなでてやりました。なぜ、そうしたことをしたのか、なぜ、ウソをついたかも問い質しませんでした。

次の日Sは、何事もなかったような顔をして登校して来ました。私もその日も、また次の日も、それからずっと、一言も言いませんでした。あれは一体何だったでしょうか。

S君は、T君の死を知らせに来てくれた日から、その後、顔を見せていません。時々どんな大人になっただろうかと、思っています。

岐阜から広島へ、私の人生遍歴に、二人が残してくれた忘れ得ぬ思い出です。

五、教室の冷や汗
――今でも心に残るあわてふためいた場面――

梶矢文昭

一　この魚は死んどる

場面はこうである。昭和四十八年（小生34歳）対象五年生四十名。教材「やまなし」

当時、広島市にはまだこの作品は登場していなかった。私も、扱うのはもちろん、読むのも初めてであった。

秋を迎えたある朝、突然、森本正一先生から電話がかかってきて、「『やまなし』という宮沢賢治の作品がある。ひとつ扱ってみてくれませんか。」と言われた。私もまだ若かったし、好奇心も強い方だったから二つ返事で受けた。

ところが、読んでみて正直、「なんだこりゃぁ」と思った。先生に、「わけが分かりません。本当にいいんですか。」と言ったら、「この作品を読んで、涙を流した女性がいます。戦争中の空襲のことを思い出したらしいんですが……。」と言われ、さらに「授業をビデオに撮らせてください。」という新たな申し出。「それは、どうせやるんですからかまいません。どの場面になるかは、また追って調整させてください。」「いや、ずっと撮らせてください。学生たちにも見せて研究したいと思います。」これはいやだなぁ、と思ったが断る理由がとっさに思いつかない。結局、押し切られてしまった。

授業公開をするとき、一単位時間だけなら比較的楽である。その前までの時間、事後の扱いなどごまかしがきく。授業中扱いきれず残した課題を「じゃ、次の時間に」といって逃げても、次の時間を見られることはない。それができなくなった。

さて、教材研究に入った。

宮沢賢治特有のことば、表現を追って一般的にイメージを創っていく、どうもそれは面白いとは思えなかった。弱肉強食の修羅の世界。死への恐れの「五月」。理想的安らぎの世界の「十二月」という解釈があると知った。「よし、これだ。どこまで子どもたちに理解させ得るか、これをやってみよう」ということにした。

作品は蟹の親子の視点から、水の中の世界を描いた「五月」と「十二月」から成っている。

「五月」は想像上の生き物「クラムボン」が、「カプカプ笑ったり、殺されたり」する中で、お魚が不気味に行き来する。どうやら、お魚は、クラムボンを食っているようである。そのお魚が、腹満ちて、のんびりと上流から下ってきたとき、突然、鋭いコンパスのようなくちばしを持った鳥に襲われ、一瞬のうちに飲み込まれてしまう。恐怖に陥る子蟹たち。死への恐れの中で、「五月」は終わる。

「十二月」は対照的に静かな安らぎの世界である。一見たわいもない親子の会話。芳醇なやまなしの香りに包まれる中で、物語は終わる。

「五月」では、クラムボン－お魚－鳥（カワセミ）の関連から弱肉強食の世界、突然襲いかかる死という「修羅」を読み取らせようと積み上げていった。

さて、そんな中で、今でもその時の教室や質問をしかけてきたこどもの表情、口調までもが、鮮明に思い出される場面を迎えたのである。

文章は次のようである。

「取ってるの。」
「うん。」
そのお魚が、また上からもどってきました。今度はゆっくり落ちついて、ひれも尾も動かさず、ただ水にだけ流されながら、お口を輪のように円くしてやってきました。そのかげは、黒く静かに底の光のあみの上をすべりました。
「お魚は…。」
そのときです。にわかに天井に白いあわが立って青光りのまるでぎらぎらする鉄砲だまのようなものが、いきなり飛びこんできました。

天井に備えつけられたテレビカメラが、遠隔操作で常に動いている。子どもらは、教師が緊張しているほどには緊張していない。ただ、手わるさや私語はなく、いつもに増して集中してくる。

C・お魚は、クランボンをたらふく食べて、満足満足といったような気持ちでいたんだろうと思います。

T・なるほど。

（ところが、そのとき、いきなり襲われてしまう、という展開へ持っていける、と思っていたまさに「そのとき」）

C・先生、この魚は死んどると思います。

T・…………

教室・…………

C・魚はえら呼吸をします。水を吸って、吐くときには口を閉じてないとえらから出ません。「お口を輪のように円くしたまま」というのは、死んでいるということです。

教室・（うなずきや「そうそう」という声が出始める。）

C・それに、「ひれも尾も動かさず」と書いてあります。死んでいるからひれも尾も動かないのです。

T・…………

（発言した子は遊び時間のボスで、平素の勉強は適当に流している感じだが、実習生いじめや、問題提起などには先頭になることがある。今も、仲間からの支援や教師の困った顔を見て、実に得意そうである。テレビカメラがこっちを追っているから一層あせり、うろたえた。が、瞬間、一つの俳句を思いついた。よし、いける！）

T・確かに「ひれも尾も動かさず」とある。しかし、「寒鯉は　静かなるかな　ひれをたれ」という俳句があるが、この鯉は冷たい池の中でじっと動かないだけで、決して死んじゃぁいない。生きているのです。

（A児、間髪もいれず挙手もしないで立ち上がる）

C・先生がぁ今言ったのは「かんごい」でしょ。「かん」だから冬でしょ。今やっているのは、五月ですよ。五月。

（五月ということばが二回繰り返されたのを覚えている）

T・……………

（文章を読み込んでみる。文字がきちんと追えない。汗が流れる。授業終了のチャイムが鳴る。なんとかひとまず救われた。あとは、格好つけておかなくちゃ）

T・ちょうど高まったところで時間になってしまったねぇ、残念。いい問題を出してくれたねぇ。次の時間は予定が少し狂うが、「この魚はいったい生きているのか、死んでいるのか」というところから考えていくことにしましょう。みんなも、それぞれに考えておいてください。では、終わりましょう。

次の時間には、いとも簡単に終わってしまった。質問をしかけてきた子の興奮状態は覚めてしまっていたし、一晩いろいろ考えて、次の発問から入ったからである。

T・作者、宮沢賢治は、このお魚を生きているように描きたかったのか、死んでるように描きたかったのか、ことばに気をつけながら読んでみよう。

これで、五分もかからず終わったのである。

本当にあの時は汗がどっと出た。

子どもたちの方も、先生とやり合ったこの時のことをよく覚えていた。

二、猟師としては失格です

ご存じ、五年生教材、椋鳩十の「大造じいさんとガン」

群れの頭領格のガン「残雪」と猟師「大造じいさん」との数年に亘る闘いの物語。知力を尽くして捕らえようとする人間と、たくみにその仕掛けや罠をかいくぐって逃れるガン。その中から生まれてきた敬愛と友情にも似た感情。その充足した体験は、老いた後も大造じいさんのこころを充たし続けていく。そんな後日談もついている物語である。

授業展開の中で、大造じいさんのすごさ、すばらしさが次々と読み取られていく。そしてまた、自然界の中を生き抜いてゆくガン（生き物）のすばらしい能力やたくましい本能が語られていく。

（順調、順調。シメシメといった感じである。ところが、O君がどう考えても分からないといった表情でじっと手を上げている）

T・ぼくは、この大造じいさんというのは、猟師としては失格じゃないかと思います。何故かというと、二年か三年の間、一羽のガンも取っていません。これじゃ、猟師として生活していけません。
みんなはすばらしい猟師と言っていますが、本当にすばらしい猟師というのは、獲物をたくさん取る猟師じゃないんですか。

これは、研究授業でも、テレビが回っているというのでもない平素の授業でのできごとであったが、やはり、足元から掬われるというような気持ちであわてた。

さて、皆さんならどう読み取らせていきますか。

三、一番悪いのは、お釈迦さんじゃないですか

芥川龍之介の「くもの糸」を扱ったときである。何でこの作品を取り上げたのかは忘れているが、これは、と思った作品をよく取り上げていた。例えば、星新一氏の短編集の中などからも。

カンダタという悪人がある時、踏みつぶしそうになった蜘蛛を助けてやる。ある日、お釈迦さまが極楽からはるか地獄を見下ろすと、血の池地獄でカンダタが苦しんでいる。お釈迦さまはかつてカンダタが、蜘蛛を助けたことを思い出され、極楽から地獄のカンダタの頭の上にくもの糸をたらす。懸命にその糸を上っていたカンダタがふと見下ろすと、他の亡者たちがぞろぞろと糸をつたって上ってきている。「おれの糸だ。下りろ、下りろ」と叫んだ瞬間カンダタの目の前から糸は切れ、再び血の池地獄へと真っ逆さまに落ちていくという話である。

基本的に仏教説話であり、多くの諭しを読み取ることができよう。そういう意味では読解教材としてより、読書教材として適したものである。「この作品を読んで一番考えさせられることは君の場合は何ですか」というような発問で。

とにかくこれを読み進めていた。細かい状況は忘れてしまっているが、K君という、平素はむしろおとなしい方の子が意見を言いだした。

C・一番問題なのはお釈迦さんだと思います。

お釈迦さんは全知全能のはずです。ということは、すべてお見通しだったはずです。カンダタの上に糸をたらしたらどうするか。ほかの地獄の人達がどうするか。

「下りろ」「下りろ」と言うだろう。そして、また、地獄へ落ちていくのも分かっていたとおもいます。

分かっていて糸をたらし、また落ちていくのを見てるのはとても悪いことだと思います。

（私は、あっと思った、その子の顔をまじまじみながら、ただ感心していた。）

ただ、この子の着想には裏があった。授業後、その子が、文庫版の小松左京の短編集を持ってきた。その中に、「それと気づいたカンダタはひたすら叫ぶのをがまんして極楽までたどりつき、最初につかんだのがお釈迦様の足。バランスをくずしたお釈迦さまが地獄へ落ちてしまう。今度はカンダタが極楽を歩いていて、地獄のお釈迦さまを見つけ、頭上に糸をたらす。お釈迦さまも心得て上っていたが、亡者たちの数を見た瞬間、思わず『下りろ、下りろ』と叫んでしまう」とパロディ化したものがあり、この子はこれを読んでいた。

　これは二十年も前のもの。それぞれに、子どもから見事に一本取られて冷や汗した場面を、今は懐かしく思いだしている。

六、あの日あの時

——あるクラスとの出会い——

藤　井　秀　昭

はじめに

昭和四十一年三月、卒業を前にしたクラスの子供たちに、「あの日あの時」（生活ノート文集）を作成し配った。

そのまえがきの中で、私は次のように書いている。


　みなさんと過ごした二年間が、今、走馬灯のように頭の中を通り過ぎます。悲しい錦織さんの死、楽しいいろんな行事など、あの日あの時、あの顔、この顔……

ほんとうに皆さんは生活ノートをよく書き続けました。私が生活ノートに反省を書かせ、毎日見ることを決心してから何年にもなりますが、皆さんぐらい私のこの方針にぴったりくっついてきて、私の期待に応えてくれた子どもは他にいません。先生をニッコリさせたら9点、ウーンとうならせたほどと感心させたら10点と、点を付けることも決め、どんどん書いてもらいました。毎日欠かさず書いた人もいますし、二年間で十日か二十日しか書けなかった人もいますが、とにかく全員書いてくれました。

今思うのですが、続けてずっと書いた人はそうでない人よりいろんな面で大変な進歩を遂げていることに気付くのです。考え方、文章の書き表わし方の進歩はもとより、この生活ノートがつらい時、悲しい時、どんなに慰めてくれたことでしょう。私にはよくわかります。また私自身も、皆さんの気持ちや考え方、家の様子までよく分かり、いっそう皆さんに近くなり、いろんな事が話し合えました。この生活ノートが与えた恩恵ははかりしれないものがあります。

この文集には、四十二名全員のが載せてあります。ただ、多い人と少ない人があります。書いた回数、内容に関係あるのでそれは許してください。


二年間の全員の生活ノートを預かり、その中から心に残る文を選び、六年の四月から日記風に月日順に並べ、文集にまとめた。そして、卒業式の後、全員に配った。

今その文集を読んでみると、胸に迫ってくるものがある。特にこのクラスの時、一人の子供の死に出会っているからかもしれない。このクラスとの出会いは、その後の私の教師生活に大きな影響を与えた。

この文集の文章を拾いながら、六年生の時の一年間を振り返ってみたい。ただ文中の児童氏名は、今、大学教授になったり、中学教師として教鞭をとったり、歌手であったり、社会で大いに活躍している年代なので、仮名にしている。

交換日記だったか

当時、この文集を、先輩に読んでもらったら、「これは君との交換日記みたいなものだな。特に女の子は先生に出す、ラブレターみたいな部分があるなあ」と笑って感想を述べてくれた。それにはちょっとびっくりしたが、今読むとそういう部分もあるにはある。

十一月二十日　　浦野ひとみ

先生のいない日なんてなんだか変ね。気がぬけているみたいよ。かわるがわる私たちの授業を見にこられる先生、でもそれは私たちの本当の先生じゃあないの。それはただの参観人としか思えない。だから、先生のいない日なんて想像できないくらいさびしい気持ち、うそじゃあないわ。今日一日さびしかったよ。明日もおられないと思うと悲しいな。うそみたいでしょ。私がこんなこと考えるなんて。でも、本当。自分の心にさびしい気持ちがぴったりくっついたの。

（☆ありがとうね。ぼくも一生懸命はりきってやるよ。）

何日か出張した後にこういう文章に出合うと、本当に担任冥利につきる。よし、この子達のために頑張ってやるぞと思う。

十一月三十日　　小山順子

先生はどうして毎日きちんと生活ノートを終わりまで読んでくださらないのですか。私は最後の先生のことばを読んだら、最後まで読んでくださったか、途中までしか読んでくださらなかったかすぐわかります。生活ノートを読んでくださるのなら最後まで読んでください。途中までしか読んでくださらなかった時の先生の顔を見ると変な顔に見えて、先生なんか大きらいと、生活ノートなんかバリバリとやぶりたくなります。言いたいことがいっぱいあって書いても、先生が読んでくださらないのなら書いたかいがありません。先生お願いします。最後まで読んでください。

(☆わかりました。いそがしい時、さっと読むものですから、つい、そんなことがあるのですね。すみません。とても反省しました。)

こんなにも一生懸命書いてくれている。また、私の赤ペンもこんなに期待して読んでくれている。しっかり本気で読み、真剣に答えてやらなくてはいけないとつくづく思った。

二月十九日　紀藤得造

体育の時間が終わって、整理体そうをしていると、鉄棒にぶらさがった竹組の竹田君や土井君など、藤井先生のことを「おじいちゃん、おじいちゃん。」とよんでいました。それであとからけんかしようと思ったが、卒業も近いし、卒業前にやったら藤井先生に悪いと思ってしませんでした。しかし、ぼく達も負けていません。「竹組の先生、ブー、ブー先生、太っている先生、だれだろう。」と言ってやりました。それでも、先生くやしくありませんか。

(☆ハハハ、いいさいいさ。でもけんかだけはするなよ。それぐらいの事で怒ったら、男じゃないわい。)

これはいかに私が若い頃から老けて見られていたかを示す話であるが、男の子でも自分の担任の先生の悪口は、許せないんだなと思わず笑った。この気持ちは素直に嬉しい。

私への注文

この生活ノートの記述のいいところは、私に対する不平不満も自由に書けることである。どんな事を書いてもいい、私に向けて注文を書いてくれ、決して怒らないからと言っておいた。これは私の学級経営の参考になるし、子供がどんな気持ちでいるか把握するのに大変役立った。

四月二十六日　　　　岡　山　行　男

先生、自由勉強のカードがなくなって、カードをもらって二日目、先生は一回分を二日分としてみてくれましたが、でもぼくはぼくのペースでいくから、あんなことはしないでください。

（☆なるほど、なるほど、わかった）

自由勉強カードというのを作り、自主的に家で勉強したものを私が見て、内容に応じて何個か印を押してやっていた。今までのカードを無くして新しいカードになったので、つい私がこれ二日分にしてやろうと押したのが気に入らなかったようだ。真面目で几帳面なこの子らしいと思い、素直に謝った。

六月七日　　　　田　崎　恵　子

先生は国語の先生なのに、書き順を時々うそをかいているんじゃないですか、気を付けてください。「入」「ネ（しめすへん）」など、まちがえていましたよ。

（☆どうもこの国語の先生、たよりないね。気を付けます。）

十二月十六日　　　　宇　野　美智子

先生、これはとてもいけないことです。先生は男女差別をしていませんか。私は今日の体育の補習の時、あまりにも男子の方ばかりついて、女子の方に来ないで、それに別れの合図がなかったので、女子の方だけやめなさいと言いました。その後、男子とずーっとサッカーをしておられました。

そのことは男女差別にはなりませんか。よく反省をしてみてください。
（☆ウーム、なるほど、差別になるでしょうね。うっかり遊んでいました。今後は女子もしっかりきたえましょう。）

二月二十二日　足立竜夫

おとつい、先生に生活ノートを出したら、「明日にせい！」と言ったので、明日二日分見てもらうことにした。次の日、二日分見て、と言ったら「どうしてや」と言った。自分が言ったことはちゃんと覚えとってほしい。
（☆ごめんまいった。悪い。よく忘れるのが先生の欠点だな。）

この先生には何を言ってもいいんだ。いろんな注文も聞いてくれるんだ、という雰囲気をつくることが大切だと思う。ただし、私も無制限に言うとおりにしたわけではない。自分なりのルールは持っていた。

トラブル――悩みの解決

子どもは一人一人悩みを抱えている。誰かに告げることが出来れば、少しは心が安らぐ。生活ノートはそういう時のはけ口となればとも思っていた。また、いろんな学級内のトラブル、出来るだけ担任が早く把握することも大事である。大きな問題になる前に、その解決法を考えてやれるからである。

六月四日　山田ゆかり

今日、私が武本君とけんかをし、武本君のぼうしを持って帰った。武本君が悪いのでおこったのだ。すると、武本君が男子をいっぱい連れて来た。私は武本君にぼうしを渡して、はよう帰りんさいやと言うと、付いてきた亀田君たちがどうしてか分からないが、「韓国人、韓国語をしゃべってみろ」

と言った。私はもちろん韓国語など知らない。みんなが意地悪をしたので私が泣きそうになっていると、大川のお兄ちゃんが出てきて、「何言よるんか、おまえらはよ帰れ」とものすごいけんまくでどなっちゃった。

後で考えてみて、韓国人と日本人のあいのこは韓国に行ってもばかにされるし、日本にいてもばかにされる。私があいのこの人種がばかにされない国が出来ればいいのにと言うと「今からはもう必要ないよ。世界は一つだから」とママが言われた。私もそう思って、日本にはまだ韓国人をばかにする人がいるのかと思い、悲しくなった。日本は国全体から見てまだ心のせまい国だと思う。私はあいのこだといってばかにされたくない。

（☆お母さんの言われたことが正しい。私たちの学校にまだそんな人のいるのが悲しい。心を強く持ち、そんな人に負けないでください）

赤ペンでそう書いたが、韓国人の父と、日本人の母を持つこの子はそう訴えて来た。学級経営の中で、人種差別、男女差別のことについて、何度も考えさせるきっかけとなった文章である。

今、彼女は歌手となって活躍している。先日もその歌を聞きに行き、後日彼女とあの当時から現在まで、いろいろ話し合った。小・中学校時代は辛かったそうだが、彼女のどんな事にも挫けない精神的強さは、その頃から培われたのかなと、ふと思った。

十月三十日

浜田由美

きょう終りの会の時、多田さんの作文を聞いて、私にもわかるような気がする。でも女子から言われないだけでもまだいい。私なんか鼻ぶたと女子からも言われる。いつも鏡の前でゆううつになる。整形手術をすればなどとも考える。でも親からもらった顔だ。鼻の高い人を見るとうらやましくて、私を産んだ母をいまさらにうらめしく思う。自分の気にしていることを言われるのは、言う人にはわからないが、言われる人の身になると胸をつきさされるようだ。だから私は人の気にするようなことは言わないように心がけている。生活ノートを書いている今も、大きい鼻を指先でつまみ、細くしようとしています。どうにかならないものでしょうか。

（☆人の気になるようなことを言わないように心がけている、あなたの心の美しさにまさるものはない。鼻が大きかろうと口が大きかろうと問題ではない。）

ある女の子が、男子に顔の悪口を言われた作文を読んだ後、こういう文章を書いてきた。女の子にとって、大変な問題であろうが、当時、私はやや乱暴な感じの赤ペンで答えている。この子は文才があり、それを生かす道を今は歩んでいる。これも外見だけで人を判断しないという素材となった文章である。

一人の子どもの死

当時私は宿題を出す代わりに、「自由勉強」という学級独自の宿題を出していた。自分で問題集などやり、後で答え合わせをしてくる。漢字を練習する、難語句の意味を調べてくる。本読みをし、家の人に「何回読みました」というサインをもらってくる。などで、それを自由勉強カードというのを作成し、印を押して、評価してやるのである。いい自由勉強をしたなと私が判断したら印の数も多くなる。

その自由勉強で、毎日物凄い量の勉強をしてくる女の子がいた。勢い印はどんどん増えていき、カードの数もクラスでダントツであった。クラスの中で疑う者も居た。「手伝ってやってもらってる」「答を写しているんだろう」とか……。それだけ一日の量としては多かったのである。私も一瞬どうなんだろうと思った、それだけの時間をどうやって生み出すのだろうという疑問だ。

家庭訪問に行ったとき、その事を話した。すると、お母さんは
「この子、区外から通っているでしょう。だから、近所の子はみな違う学校の子なので出て遊ばないんです。そんなにしなくていいと私も言うのですが、明日、先生に見てもらうのだからと言って、夜遅くまでがんばるんです。何ですか、先生に見てもらって印を押してもらうのが、とっても楽しみとかで。」

これを聞いて私は、深く深く自分を恥じた。そんな子供を一瞬にしても疑ったことを、今度からは、優しく丁寧に見てやろう、しっかり褒めてやろうと心に決めた。

しかし、私は丁寧にゆっくりその錦織満智子の自由勉強を見てやれなかったのである。

昭和四十年六月二十日午前九時半ごろ、比治山東側の斜面が、大雨のために、二百メートルにわたって崩れ、四戸が全壊した。そしてその子の一家四人が生き埋めとなったのだ。

夜になってもなかなか救出されなかった。その夜まんじりともせず生きて助け出されることを祈ったが、その願いはむなしかった。母も子も物言わぬ姿で発見された。

私はその子の遺体のそばで、涙を流し続けていた。（もう一度でいい。先生、自由勉強見て、と言ってくれ。もう一度でいいから……）と心の中で思いながら……。

六月二十一日　　　　梅　野　厚　子
今朝の新聞を読んで、錦織さんが死体で発見されたと書いてあった。きのう、現場まで行ったのにお寺から奥に入らせてもらえませんでした。私はまだ錦織さんが死んだとはどうしても思えません。先生、おそうしきには行かせてください。

六月二十二日　　　　村　山　京　子
今日錦織さんの家族が全員おなくなりになった

ということを聞いた。とても悲しかった。錦織さんは私が馬とびの馬になった時いやだなと言ったら「代わってあげよう」と言って代わってくださった。いつもバスの中から手をふって、「バイバイ」といって帰られた。その錦織さんがこの世におられないなんてとても信じられない。錦織さんなぜ死んだの。なぜもう一度元気な声を聞かせてくれないの。家に帰ったら、錦織さんと暮らした日々が浮かんできてとてもがまんできない。もう一度元気な声を聞かせて……。

六月二十二日　　　田　崎　恵　子

錦織さんのことから、死ということを考えてみた。人間はいつ死ぬかもわからないのだから、後悔をしない毎日を送らないといけないのだ。

六月二十四日　　　小野田　久　志

今日沢口君と帰っているとふと、また、錦織さんの事を思い出しました。そして沢口君にどう思うと聞くと、錦織さんが死んだ日、学校で泣くのをこらえていたが、家に帰って泣いたと言っていた。ぼくも沢口君と同じでした。夜、吉島の方を見てと、しぜんに錦織さんの事を思い出しました。吉島を見ていると車のライトが消えたりついたりしていて、急にさみしいふんい気になるからです。

生活ノートにも、子どもたちは様々な思いを書いていた。次の日の午後、希望者を連れて葬儀に参加した。

クラスを代表して豊田加代子が弔辞を読んだ。

――組のみんなから、〃にっこりさんにっこりさん〃と呼ばれていた錦織さん名前の通り、あなたはいつもにここにこしていましたね。その錦織さんが死んだなんてどうしても信じられません。でもあのごう雨の朝、お父さんお母さん弟の修君の三人と共に帰らぬ人となってしまいました。さぞ苦しかったことでしょう。ニュースで修君が救出されたと聞いた時は、きっとあなたも大丈夫助かる、もう少しのしんぼうだからがんばってねと祈りました。けれどもその願いもむなしく遠いところにいってしまいました。教室でも運動場でもくりくりした錦織さんの顔も二度と見られなくなりました。楽しかった修学旅行も最後の思い出となってしまいました。「錦織さーん」と呼べば「はあーい」と目の前に現われる元気な顔、参観日の時のかわいい修君の顔、弟思いのお姉さんで、遊ぶ時はいつも修君を連れてきましたね。あの日あの時の思い出ばかりがうかび、ごう雨さえふらなかったらと残念でたまりません。

私たち一同は錦織さんのめい福を祈ると共にあなたの分も一しょにがんばります。

どうか安らかにねむって下さい。さようなら。

――

参列者の多くの人が涙を流した。

しばらくして、錦織満智子のおばあさんから、私の組に一通の手紙が届けられた。

――六年四組のみなさん。お元気で勉強につとめておられますか。満智子が学校に行っております時には、種々お世話になりました。突然の大不幸でかえらぬ人となりました。その節にはわざわざお寺までお出でいただきおやさしいお別れのお言葉もいただき、本当にありがとうございました。満智子もよろこんで仏の世界に、お父さんお母さん修君と一緒に行ったことでございましょう。有難うございました。満智子のおばあちゃんは、一人ぼっちになりました。田舎の六年生の子供さんを見て、毎日みなさんや満智子のことを思い続けております。手がふるえ、涙がこぼれて書けません。きたないことでお許しください。

みなさん、お体を大切にして、勉強して下さいね。

六月二十九日

錦織テル

六年四組のみなさんへ

――

この手紙を、クラスの子どもたちに読んでいる時、涙をみせずに、しっかりと読んで聞かせようと思っていたが、最後の〝手がふるえ、涙がこぼれて書けません〟のくだりで、ついに読み続けられなくなり、泣いた。その時の私の姿を大きくなっても、子ども達は鮮明に覚えていると言っていた。

教師は、よく一人一人を大事にとかいう言葉を使うが「一人一人を大事にする」というのはどういう事なのか、私はこの体験で身にしみてよく分かった。

ある子どものノート

この生活ノート文集の中で、私がいつも感心していた子どもがいる。その子の書く文章は短いがいつもピリッとしていて、読むのが楽しみであった。文集の中でも、この子の文章が一番多い。

新谷幸子

五月二十八日

出張から帰った父を迎え、わが家は久しぶりに活気づいた。べつにいたからどうというのではないけれど、食事の時ポツンと歯の抜けたような父の席を見ると何となくさびしい。やはり家庭のだんらんは、家族全員がそろって、一日の報告のおしゃべりから始まるのだと思った。

六月十六日

待望の自動車が来た。さっそく自信満々の父の運転でドライブに行った。今まで交通事故の原因は自動車だと思っていたが本当に無神経な歩行者が案外多いのにおどろいた。立場を変わって物事を見るということは大切な事だと思った。

七月六日

吉展ちゃんはかわいそうに殺されていた。何のつみもないのに小原という人がお金ほしさにしたのにしてはひどすぎる。世の中一番便利で一番こわいものはお金だろうか。まじめに働けば生活は出来るはずなのに、どうしてお金のために人間はみにくい姿をみせなければならないのだろうか。

九月二十九日

今日はニュースが気になる日だ。ウ・タント事務総長も調停に失敗し、台風の影響の被害状況も大きいし、何か暗いニュースが多く、雨空がますますうらめしくなりそうな中で、百二歳まで生きた年寄の話はほほえましく、一世紀の歴史を身をもって体験した人に会って色々話してみたいと思った。

十一月十日

明日は写生大会だとうきうき用意していると、「先生いいこと書くね」と母が言う。「その通りだね」と聞いていた父が相づちをうち、二人でゲラゲラ笑う。「笑うな」とくやしがりながら「先生のいじわる」と思わず言ってまた笑われた。字はその人となりを表す、下手でもていねいに正確にといつもの説教をまた聞かされた。わかっているのだけれども。「今はスピード時代よ」と反ぱつしながらも、やはり整理の必要を感じた。

十一月十七日

学校から帰ってみたら、母は外出から帰っていなかった。しめた、今日はゆっくり本が読めるぞと思った。「宿題をすましてから本を読め。」とそばでうるさく言われないので、おやつを食べながら安心して本をひろげた。しかし、何か宿題が気になって本をとじた。そばでうるさく言われると、かえって反対がしたくなる。といって何も言わないと気になる。母がいないとうるさくなくていい。しかし、さびしい。家の中でいつもとちょっとでも変わると、何か落着かないからふしぎだ。

この子の毎日の生活ノートの反省欄を読むのが楽しみであった理由はお分りいただけると思う。

これに対してどう赤ペンを入れるか、私自身も真剣に考えたものである。私の文章力も試されているように感じたからである。

そして、卒業間際次の文章で、この子のノートが終了した。

三月十八日　　　　　　新　谷　幸　子

毎日反省を書くと聞いた時、私はえらい学級へとびこんだものだと思った。うすよごれた生活ノートを前に、よく続いたとわれながら感心している。今日が最後、何か一言書きたいと思いながら、まだ一行も書けない。パラパラめくるとなつかしくへたな字が目にうつる。先生の赤インクのことばが目にしみ、思い出は……と書いてみたが次のことばがみつからない。先生と毎日お話した反省ノートよ。

……さようなら……。

三月二十四日　　　　　　藤　井　秀　昭

みなさん、さようなら。新谷さんの最後の文を読みながら、思わず別れの悲しさが胸にせまり、まぶたが熱くなりました。みなさんのこの生活ノートの文は先生の大事な宝です。いつまでも持っています。

では、みなさん、元気でね。

このクラスとの出会いが、私のその後の教師生活に大きな影響を与えたことは間違いない事実で、教師としてしっかり育ててもらったと思っている。

七、似島小学校での出会い

——恵まれた自然、素直で元気な子どもたち　心豊かで人情味の深い地域の人々——

寺　元　　鎮

○はじめに——似島について

私の教職生活の最終勤務校、広島市立似島小学校。昭和六十三年四月一日から平成五年三月三十一日まで、教職員の方々をはじめ、子どもたち、地域の人々、いろいろな方のお力添えを頂きながら勤めた五年間であった。

似島は、面積四平方キロメートルで、周囲は十六キロメートル、広島港から南へ約五・五キロメートルのところにある小さな島。島の東北部にある標高二七八米の山は、富士山に似て美しい〝安芸の小富士〟と呼ばれ、島のシンボルとなっている。山頂からは、三百六十度の景観が展望でき、デルタの土にたつ広島の街の様子を南から眺めることのできるのは、ここにおいて他はない、と言われている。

人口一三二二人（男五九三、女七二九）、世帯数六九九（平成一三年五月三一日現在）。

——私の勤めていた頃は人口二千人と言われていた。その大部分が、島の北西側の家下地区桟橋付近に集中しており、南東側の大黄地区小学校付近には三十世帯あまりの民家が、あるだけである。

全島は、ほとんど山地で平地は少ない。かつては、山肌を畑にしてさつまいもなどを栽培していたが、昭和三十年代前半からみかん畑に変わってきたと言われている。

島の主な産業は、砂採取を中心とした海運業であるが、かつての活況は今は見えない。

しかし、今でも主産業であることには変わりがない。また、カキの養殖も盛んであり、ナマコ、タコ、メバル、チヌなど沿岸漁業も行われている。

主な公的機関として、保育園、小・中学校、似島学園小中学校、似島臨海少年自然の家、似島公民館等の教育施設のほか、南区役所似島出張所、環境事業所、駐在所、郵便局、診療所、特別養老館併設の平和養老館、農協等がある

○子どもたちとの登校

今、ふと想い出してみると、毎朝六時三十分宇品港発の「こふじ号」で似島へ行き、夕方は五時か六時似島発で帰る。所要時間二十分。冬など暗いうちに家を出て、暗くなって帰宅するという毎日。私の勤務していた期間は、台風などによる欠航はなかった。

六時五十分似島桟橋に「こふじ号」到着、子どもたちの「おはよう」の挨拶に迎えられ、子どもたちと手をつなぎ、学校へ向って出発。十分ほど歩行すると峠に到着、眼下には静かな瀬戸の海、その日の天候によりさまざまな景観を見せてくれる瀬戸の海原、晴雨により驚くほどの変容さえあった。

私を心から迎えてくれる自然の美しさ、その都度「今日もがんばるぞ。」と勇気を与えてくれる恵まれた自然のある似島。日の出に出会った時など、子どもといっしょに手を合わせて、「今日も元気でー。」と拝むこと、再々。子どもたちと共に、幸せな一日のスタート。いつのまにか周りの子どもたち、みんな微笑でいっぱいの表情。一枚の絵になる一場面である。

「明るいあいさつ元気な子ども」の大きな看板が屋上に掲げてある広島市立似島小学校に到着。「今日もがんばろうね!!」の掛け声で私たちとの学校生活が始まる。

○伝統ある似島教育——似島サッカー大会

私の教育信念の源は、芦田恵之助先生の研究会で学んだ「子どもたちと、共に学び、ともに育つ」

であった。この信念のもとに、学校経営に専念した五年間であった。

広島市立似島小学校、創立八十周年記念誌に、当時の校長、織田賢三先生が「思い出の記」として次のようなことを述べられている。

——似島小学校教育の原動力を支えるものは、町民全体が一体となって、学校が立派になり、子どもたちが成長することに、物心両面にわたって、心からお骨折りをいただいていることであります。

また、保護者の方々は、教育に極めて熱心で教師を信頼して全面的に学校に協力いただくので、先生方も、この保護者の方々、町民の方々の熱意に応えて、文句なしに似島教育に全力を傾けて励むという好結果が生まれたのであります。

絵画コンクール、サッカー、バレー等で広島市内の小学校で優秀と認められた時代が長く続きました。——

これを拝読した私は、感銘したものである。私が赴任していた頃は、似島小学校はまだ、サッカーが熱心で、教師と子どもたちは、そのサッカーに燃え続けていた。早朝練習で始まり、放課後の猛練習、子どもたちは、暗くなってからの下校、担当の先生も、子どもたちと共に練習に励んでくださった。毎日、その先生たちの指導と子どもたちの練習に、感謝の念でいっぱいだった。

毎年、秋に開催される招待似島サッカー大会、この大会は、子ども会育成協議会、ＰＴＡ似島中サッカー部、地域の有志たちなど、多くの方々の協力のもとに実施されていた。

大会当日、参加するチームの子どもたちや関係者の方々に、昼食時「似島うどん」の提供、その準備は前日から学校に集合し、テント設営、大釜の設置など着々と進められる。

当日は当然、早朝から登校、多忙な一日を計画的に進行し、全員協力一致のもと作業は進められる。昼食時、参加した子どもたちに「似島うどん、美味しいでしょう。」と呼びかけながら、心温かく奉仕される姿、参加した子どもたちの満足そうな笑顔、心の豊かさ、人情味が参加された人々の間に交流し、「似島教育の原点は、ここにあるのだ。」と痛感するひとときであった。この地域の方々の子どもの教育に対する情熱は計り知れない程深いものであることを強く感じた。

似島町民のみなさんの学校に対する情熱はサッカー大会のみではなく、四季それぞれに実施される「自然の日」―(わらび採り)(魚つり)(みかん狩り)(パックリとり)―さらに体験学習(夏の一泊二日のキャンプ)(冬の芸北文化ランド一泊二日のスキー)など、子どもにかかわる行事すべてにご協力いただだいた。

○似島での作文教育――子どもたちの作文――

このような子どもたちの歓喜する行事が終わると、きまって、子どもたちにその喜びなど記録するよう指導した。

先輩の細井迪先生から学んだ「子どもは文を書くことによって、自分の考えを深め、自分の生活を耕すことができる。」――先生方にこのことを理解して頂き、どんどん書く学習を進めてもらった。毎日の「生活ノート」の継続、私も出来るだけ読ませて貰うように努めた。朝会でその「生活ノート」の内容を紹介することも再々。心豊かな子どもたちの表現は胸をゆさぶるものが多かった。

また、似島小学校では、年度末、学校文集「こふじ」を作成しており、私の退職時には二十号目となった。この文集「こふじ」に文集「ひろしま」(一号から三十八号まで)に掲載された似島小学校の子どもの作品すべてを抜粋し、文集「こふじ」二十号に組み入れ、文集「こふじ」二十号記念文集を発行した。卒業生たちにも配付することができ、子どもたちのご両親の作品にも触れることができ、子どもたちはとても感銘していた。

おめでとう——文集「こふじ」二十号

校長　寺　元　　鎮

サッカー

一　年　　きたの　みつひろ

ぼくは、サッカーをした。
やまぐちくんと、たなかくんと、おりでくんと、みんなでやった。
ゆうそうくんが、かっちゃんに、
「ええか、いくぞ。」
ポーンと、けって　パスをした。
ボールが　はいった。
やっと一てん　はいった。
ぼくは、とても　うれしかった。
「キャー　キャー。」と　よろこんだ。
よびがかりが、
「おはいり。」と　いってきたが、
サッカーが　やめられなかった。
ほんなら、先生に
「サッカーきちがいね。」と、いって　わらわれた。

この作品は、今から二十年前、昭和四十九年の三月に誕生した文集「こふじ」の一年生の作品です。
当時の広島市立似島小学校の先生方が、似島の子どもたちの「書く力」―自分の思いを自分の言葉で素直に書く―

をどんどん伸ばしてやりたい。そんな願いから、この文集「こふじ」が生まれました。

文集「こふじ」は二十歳。人間でいうと大人の仲間入り。成人したことになります。

みんなで、大きな声で「おめでとう」と、お祝いしましょう。

この文集には、似島の子どもたちの心が書き表わされています。少し荒らけずりだが、飾り気のない素直な心、一つのことに向って、無我夢中でつき進んでいく　ひたむきな心、苦しいこと悲しいことにもへこたれないで　がんばりぬく心――そうした似島の子どもたちの心が、いっぱい文集につまっています。

作品を書くことによって、自分の思いや考えを深めることができます。また、友だちの作品を読み合うことによって、友だちを理解し、自分の考えや思いを深め、広めていくことができます。

こんなすばらしい文集「こふじ」は、似島の子どもたちの宝物です。

これからも、この文集「こふじ」をどんどん成長させていきましょう。

文集「こふじ」と同じように、広島の子どもたちの作品――文集「ひろしま」があります。この文集は、四十歳になっています。ずい分　昔に始まった文集です。

この文集「ひろしま」に似島の子どもたちの作品が毎号のせてもらっています。文集「ひろしま」にのせてもらった似島小学校の卒業生のみなさんの作品を集めてみました。みなさんのよく知っている似島の人たちの作品です。

それぞれの作品には、それぞれの人の「ものの見方」「感じ方」「考え方」が、どんな方法（どんな言葉）で書かれているでしょうか。それを読むことによって、自分の書く力が育っていくものです。

文集「こふじ」の友だちの作品、そして、文集「ひろしま」にのっている似島の子どもたち（卒業生）の作品をひとつひとつ、ていねいに読んで、自分とは違う「ものの見方」「感じ方」「考え方」を見つけましょう。

それが、新しい力をつけてくれることにつながります。

平成五年二月十五日

私の退任式での挨拶、最後のまとめは、子どもの作文―文集「ひろしま」(三十八号) に掲載されたものを朗読させて貰った。

その時、私は次のことを話して朗読、

―似島中二年生の住田佳奈子さんが、小学六年生の時「小学校生活最後の運動会は最高の思い出に」という作文を書いています。今の私の気持ちは、この作文の気持ちと全く同じです。では、その作文を読みます。聞いてください。―

朗読後、

―教師生活最後の五年間、この似島で最高の想い出を作って頂きました。心の中の宝もの、みなさんが作ってくださった宝もの、いつまでも、いつまでも大事にしていきます。

みなさん、ありがとうございました。―

こんな形で　まとめさせて貰った。

小学校生活最後の運動会は
最高の思い出に

六年　住　田　佳奈子

「ドキン、ドキン。」と、心ぞうのこどうが高まり、体じゅうにひびきわたる。次から次へとスタートラインに立つ人の顔を見ると、「よし、やるぞ！」というような顔をしている。徒競争で一番にゴールインすると、とっても気持ちがいい。

白いテープを切ると、場内から、すごいはく手が送られてくる。わたしたちの胸は、うれしさではちきれそうになる。こんなことを考えているうちに、六年女子の順番が回ってきた。心ぞうのこどうは、さっきよりもはげしさを増し、スタートラインに立ったときは、一位でゴールすることしか頭になかった。

「ようい。」

「パーン。」

先生の合図に、戦いの火ぶたは切って落とされた。ビデオカメラは回っている。卓ちゃんにだって負けたくない。それに、今年も去年に引き続いて赤の優勝を勝ち取りたい。走っている間、この思いだけが頭の中をかけめぐった。わたしは、四コースを走った。だから、町の人たちの声がよく聞こえる。

「佳奈、かんばれ。」

父や母の座っているところの前を走ると、

「負けるな、負けるな。」

この言葉がくり返される。なんとしてでも、あの白いテープを切りたい。

直線コースになると、みんなスピードをあげてきた。わたしだって負けてはいられない。残り少ない力をふりしぼって、一生けん命に走った。

白いテープが風になびく。一位を取ったのだ。

「やったー。」

ゴールするときには、両手を真っ青な空にかざしてゴールした。うれしくてうれしくて、場内を走り回りたい気分になった。

「最高。」

思わず声をあげそうになる。一位キープ。

小学校生活最後の小中合同運動会。今までの六回の運動会の中で一番よかった。と十分いえるいい思い出になった。今でも、一位を取ったときの感動は、心に熱く、強く残っている。思い出というものは心の中の宝物。大人になっても大事にするぞ！

文集「ひろしま」三十八号（平成四年）

退職した一年目の夏のある日、二年生の石丸裕君から、こんなはがきが届いた。私は、胸が熱くなるものを感じ、とても　幸せなひととき。

その内容は——

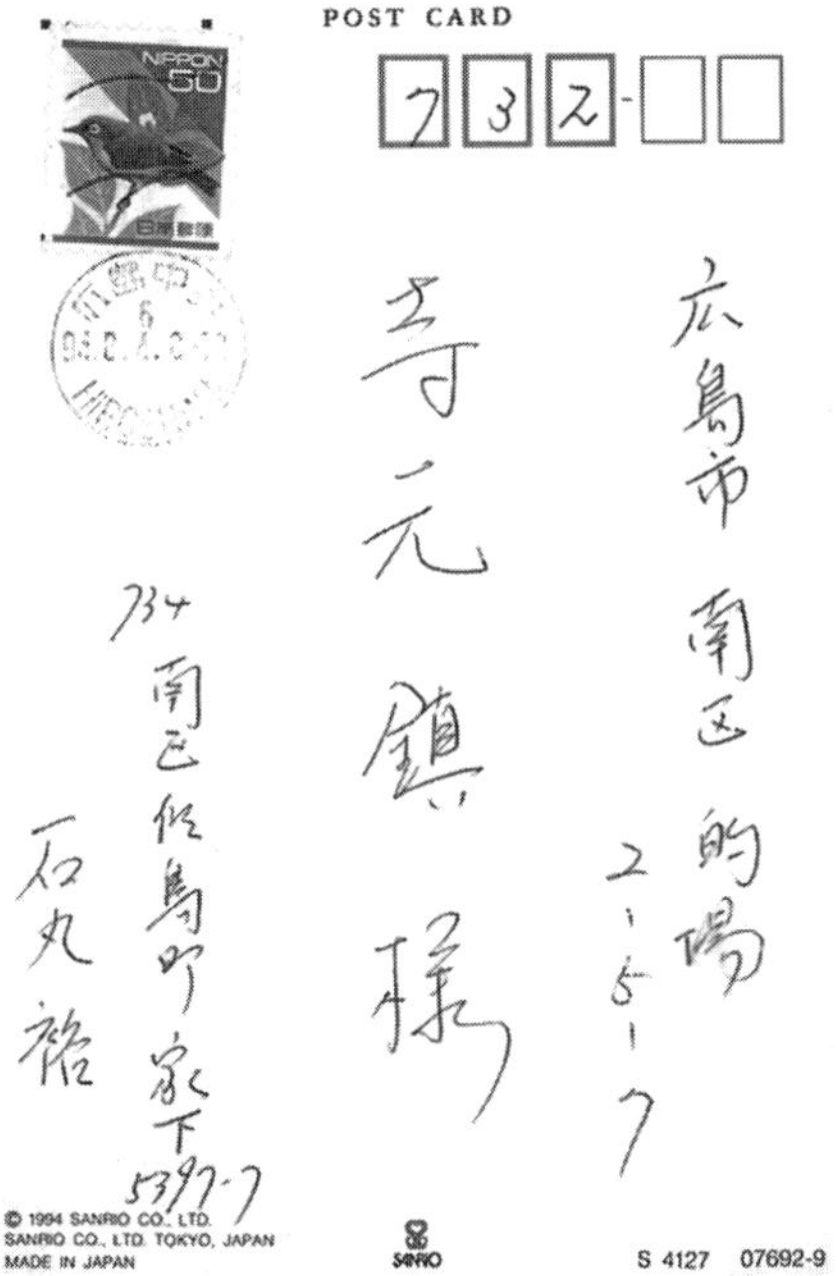

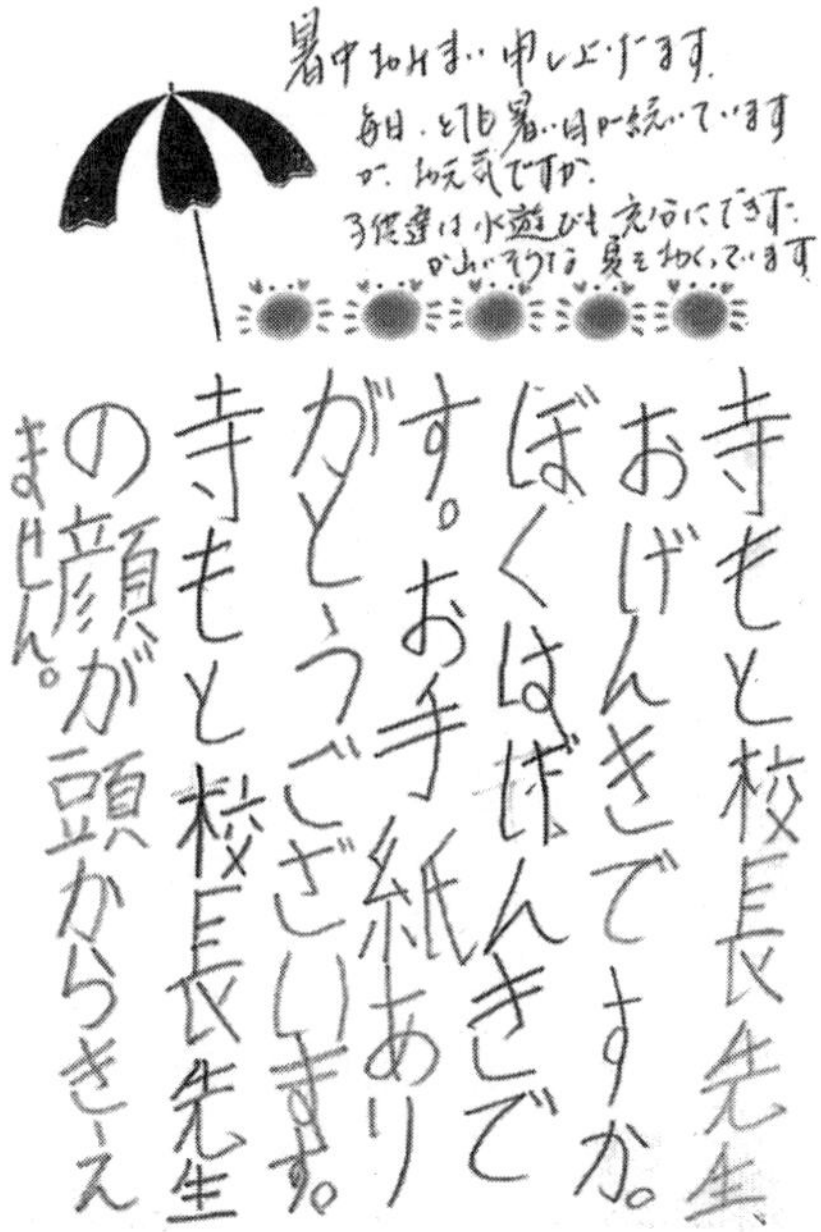

暑中お見舞い申し上げます
寺もと校長先生おげんきですか。ぼくはげんきです。お手紙ありがとうございます。寺もと校長先生の顔が頭からきえません。

いつまでも　子どもたちの心温かい思いに支えられ、生きる喜びを感じることができることに感謝。

また、私が退任した時、一年生だった石丸裕君たちは、今春、似島中学校を卒業して、高等学校へと進学した。その子どもたちの卒業式の日、心ばかりのお祝いのしるしを届けた。後日、保護者からこんな礼状が届いた。

「益井君のお母さんよりの便り」（下図）

このように私は子どもたちの作品（作文・詩）に出会う度に私の心情を育んでもらったように思う。心豊かな子どもたちと共に生活し、その子どもたちの作文に出会うことにより、いつまでも、いつまでも　私自身、育んでもらったことに幸せを感じ、感謝するほかはない。

寺元先生へ
お元気でしょうか、この度は、誠司の卒業
祝いに
心の
こもった
ケーキ
を
いただき
ありがとう
ございました、

○広島市立似島中学校での「卒業授業」

去る平成十一年三月四日（木）似島中学の先生たちの特別のご配慮で、卒業する生徒たちとの対談の時間――卒業授業――を設定してくださり、招待を受けた。

心を弾ませて中学校を訪問。小学校で共に学び、ともに育ったころのことを思い出し、子どもたちのすばらしい成長ぶりに喜びを感じながら、語らいの時間を過ごした。

まず、昔の思い出話で始まり、似島小に赴任し、みなさんとの出会いが私の教師生活に大きくプラスしたことなど――。

そして、相田みつをさんの作品、出逢いの詩、三点をお互いに読み合った。

さらに、相田みつをさんの作品「道」を視写してもらい黙読、感想文、意見発表の過程で授業を進めた。

素直な心で作品「道」に触れた生徒たち。ひとつ、ひとつの言葉が、ひとりひとりの胸の中に語

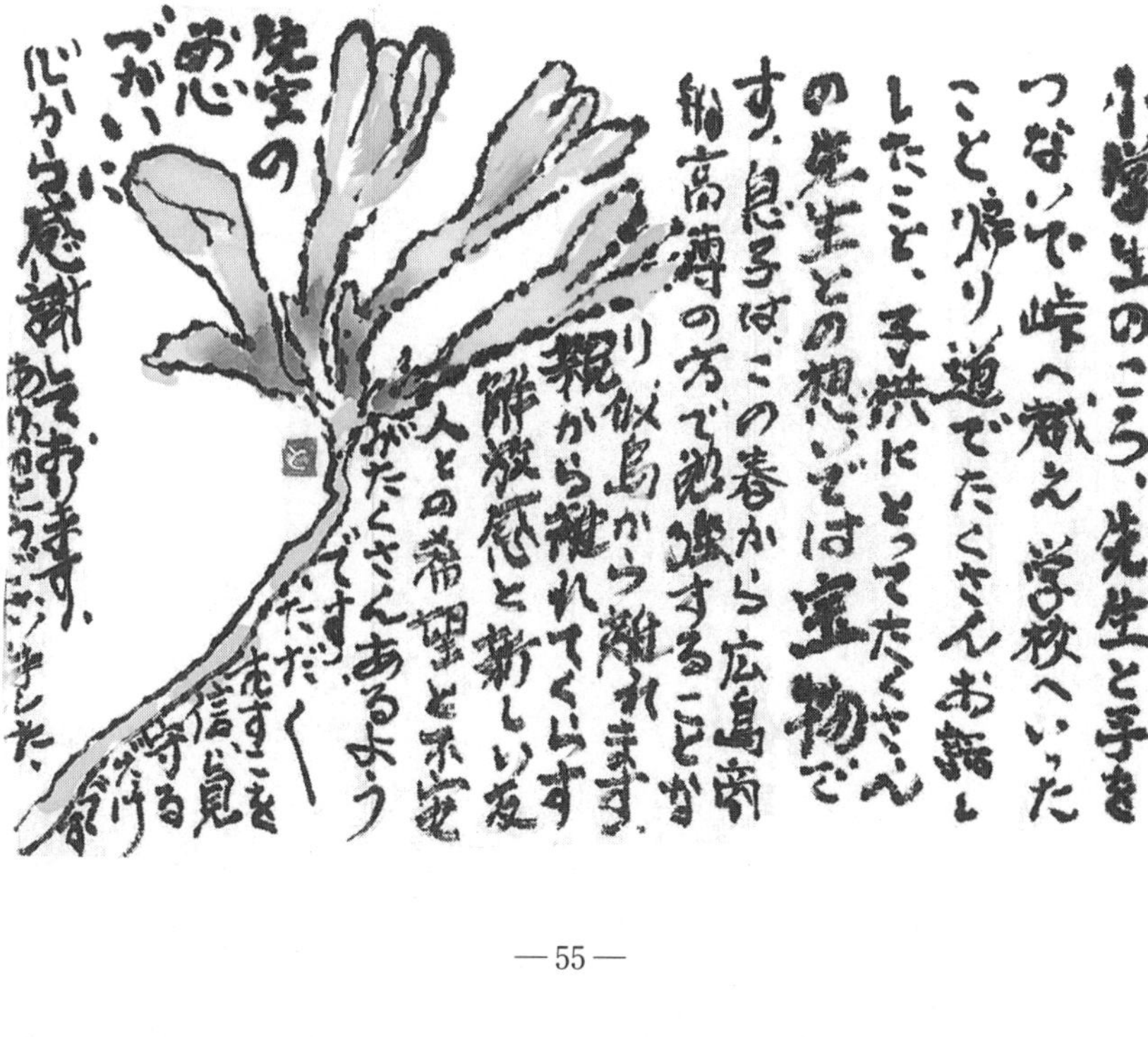

出逢い
いつどこでだれとだれが
どんな出逢いを
するか
　それが大事なんだ
なあ　みつお

そのときの
出逢いが
その人の人生を
根底から変える
　ことがある
　よき出逢いを
みつお

ひとの世の
しあわせは
人と人とが逢う
ことからはじまる
　よき出逢いを
みつお

「道」

ながい人生にはなあ
どんなに避けようとしても
どうしても通らなければ
ならぬ道
というものがあるんだな

そんなときはその道を
だまって歩くことだな
愚痴や弱音を吐かないでな

黙って歩くんだよ
ただ黙って
涙なんか見せちゃダメだぜ

そしてなあその時なんだよ
人間としてのいのちの
根がふかくなるのは

りかけられる作品。生徒たちは、それをしっかりと受けとめ、ひとつひとつの言葉に勇気づけられ、慰められたようであった。

　この作品に出会ったことにより、作品に向かい合い、いろいろと対話してくれたこと、それが私の喜びでもあった。

○おわりに

　退職を四日後にした三月二十七日、この五年間、通い続けた似島小学校——職員室の先生方の机上に、一冊のプリントものを配付した。ちょうど、年度末研修のため、教職員のみなさんは不在で、何も説明することもできず、唯、配付するだけだった。そのプリントは、私の教師生活の中での体験——袋町小学校の卒業文集を作成する時のもの——を記録したもの（袋町小は昭四十九－五十五年勤務）

　教職員のみなさんに目を通して頂きたいと思いながら……。

先生

　きょう、3月27日(土)、袋町小時代担任していた子どもたちが、私の退職を記念に、クラス会を開催してくれます。

　この子どもたちが卒業する時、「卒業」「先生」などの題で書いた作文、詩をもとに、まとめたレポートです。

（昭和51年3月）

　ゆっくり読んでみてください。

　私が、いつも話していましたように教師にとっての宝ものは「教え子たち」です。自慢のできるような「教え子たち」を育んでください。

「子どもと共に学び、ともに育つ」——

教師であることを忘れないように。

　このレポートを、今夜のクラス会で教え子たちに、ゆっくり読んでやろうと思っています。

平成5年3月27日

寺元　鎮

六年一組とは!!

六年一組寺元学級、わたしたちのクラス、またの名をゴリラ学級とも言う。二つのでっかい目を見つめる七十六の瞳。そして、今では、でっかい目に勝るとも劣らないぐらいに七十六の瞳は、成長しようとしている。

五年生になって、初めてこのクラスができた時、先生は『三角形』の話をされた。三角形（錐）は絶対に倒れることがない。なぜなら、一番真中のトップの人も大事だけど、その人が、倒れないためには、どうしても両端の低い人が必要なのだ。その人がおってこそこの三角形（錐）は倒れなくてすむのだ。

「下の人は上の人を助け、上の人は下の人を助ける。」ということを。そして、みんな、こんな『三角形』になろうとがんばり始めたのだった。

ぼくたちのクラスの原動力は――それは、きっと、一人一人が生き生きしていることだ。まじめな人、不まじめな人、泣き虫、いじわる、やさしい人、いろんなやつがいっぱいいる。そして、そいつらをいっぺんにかかえこんでくれたあのすごい顔のゴリラ先生。『だれに見られても、はずかしくないクラスになれ。』これが先生の口ぐせ。みんな、これを忠実に守ってきた。今、誰をみても、六年一組の代表として、はずかしくない。

どんなことにも、すぐ、いっしょうけんめいになるクラス。

その中の一つに昨年のカープの優勝。これがまた、みんなを一層活気づけた。みんなで行った市民球場へのカープの応援。優勝の試合を教室に残り、みんなで応援し、手を取り合って喜んだあの瞬間。優勝パレードへは、プラカードを持って参加。

それでも、勉強の方はバッチリ。今では毎日のように　書き取り、計算ドリルをみんないっしょうけんめいやっている。一字でも、一つの計算でもまちがえれば、何度でも、出来るまでやっていく。少しずつ少しずつ、誰もが力を貯えていっている。みんなの気力がおとろえてくると、先生が、みんなを力づけ立ちなおらせてくれる。

それぞれの個性をもった三十八人が集まって、これだけの『三角』ができた。それは、決してきれいで整った『三角形』ではない。しかし、笑いがあり、ユーモアがあり、時にはまじめになり、先生といっしょに、楽しみ悲しんできたクラス。

五年生の頃、言われた『三角形』、六年生では『可能性があれば、失敗を恐れず、最後まで全力を尽せ。』そして、最近では、『技術的にどんなにすぐれていても、精神的（人間的）にだめなら、どうしょうもない。』という先生のことば通りに、いっしょうけんめいにやってきたクラス。

世界中、どんなに　さがしても見つからない

このクラス
いつまでも、いつまでも、大切にしていきたい　思い出に残るクラス。
ぼくたちの　わたしたちのこのクラスは、今、大きく　はばたこうとしている。

最後に、似島の恵まれた自然、素直で元気な子どもたち、心豊かで人情味の深い地域のみなさま、そして、私と共に「似島教育」に燃え続けてくださった教職員のみなさま、

「ありがとう　ございました。」――この出会いは、私の一生の心の宝ものであり、生きることへのいろいろ貴重な示唆として守り続けるつもりである。

八、作文「平和は明るい仲間から」を書く（特設作文）

吉永正憲

一、はじめに

私は、昭和五十、五十一年度に、広島市立本川小学校の三、四年生を担任する機会に恵まれた。

作文指導については、「広島市立小学校国語科指導計画試案」（一九七四年版）を基本にして教科書関連作文の指導計画を私なりに立てて実践した。

この他、教科書以外での作文教材は、「作文通信」（年五回発行、広島市国語教育研究会）がある。これは「広島市作文指導計画」にもとづいて作成されたもので、必要に応じて、読み物教材や作文の導入指導としても活用した。

二、四年生の作文指導

(1)作文能力の実態

この学級の児童の作文能力の実態は、おおよそ、次のようであった。（学年末学級文集「ひまわり」三年生より）

・自分中心で、自分のしたことしか書いていない。
・文がだらだら病になりがちである。
・「そして」など、接続詞の使い方や段落意識が十分わかっていない。
・意識の流れにしたがって書いたままで、文の構成を意識して書いていない。
・文が長文になりがちで、無駄な表現が多い。
・心情表現がないので文に膨らみがない。

◇学年末学級文集は、個人や学級のよい反省材料になるし、同じ文種や題材の学習をする時の補助教材としても利用できる。次の学年へのつながりと発展的学習が期待できる。

(2)一枚文集「どーむ」の発行

四年生を担任するにあたって、一枚文集「どーむ」を発行することにした。

ねらいは、学級経営上、個人の努力をうながし、希望を持たせようとすることであった。さらに、生活ノートの記録、学習ノートの記録等を、授業の導入、展開、発展、評価、まとめ、といろいろな場面で活用するためである。また、作文指導では、説話、解説、文話等で、児童が自主的に学習できるよう工夫しようとしたものである。

◎一枚文集の概要

（4・16）
- 新しい出発・希望を書く（全児童）
- 「青いレール」のわからないところ、わかったこと（ワークシート）（四作品）
- 「春のわたし船」の朗読のしかた

（4・22）
- 「春のわたし船」を読んで（感想文）（三作品）

（4・28）
- 童話「かっぱのかあきちと次郎」（児童創作一）
- 五月の目標・ぼくはこうする（二作品）

（5・11）
- 十行作文・たいせつなところをくわしくかこう（四作品）

（5・18）
- 十行作文「できた作文をみると」（文話）（三作品）

（5・29）
- 詩「心の目で見る」（詩の鑑賞教材）（児童詩）（四作品）

（6・5）
- 詩特集「心の目」（詩の目のつけどころ）（三十作品）

（6・18）
- 鳥取砂丘「自然のふしぎさ」「ふしぎなところの一次感想」（七作品）

（6・23）
- 「王さまの新しい服」部分感想（ワークシート）

（二作品）

（7・1）

・日記「題をきめて書く」（文話）（三作品）

（7・6）

・「王さまの新しい服」を読んで（三作品）

（7・10）

・読書記録（四作品）

（9・13）

・平和を考える

「夜のくすの木」を読んで（二作品）

――以下略――

◇一枚文集への反省と課題

・文種も多く自由に編集でき、教科学習と直接結びつくのは、やはり、一枚文集に頼らざるを得ない。

・文の約束、文法上のまちがいなど、もっと素早く、効果的にする工夫やてだてを、準備しておくとよい。

・国語以外の他教科については、学習指導の方法、資料等に有効に活用できるが、何もかも多くはねらえないし、時間もかかるので、一枚文集を発行するねらいと、方法をはっきりさせて発行するとよい。

・国語科の表現力を伸ばすという点からすれば、理解と表現の関連指導の研究は重要である。

三、関連学習・「平和学習」

作文「平和は明るい仲間からを書く」を実践するにあたって、学校行事や他教科との関連を無視することはできない。

◎心豊かで平和を愛好する子どもの教育

(1)計画案（四年B組の場合）

（五月）憲法記念日と子どもの日

憲法学習、第九条の意味、憲法前文の精神、子どもの日の意味、子どもの生命としあわせ。

（七月）平和資料室の見学
　原爆に関する新聞の切り抜きを集める。

　夏休み帳（四年生）の原爆の日（P16）の学習。

（八月）特設「夜のくすの木」（大野允子作）（夏休み帳P20）の読みとりと感想文を書く。

　原爆記念日の取材と感想文を書く。

（九月）「平和は明るい仲間から」をテーマに作文を書く。


――以下略――

(2)原爆の恐ろしさを知り、人の命の大切さや、原爆記念日の意味を知ることの指導
◎原爆記念日（単元）（七月特設）
（単元のねらい・題材観）（略）
◇指導計画
第一次　本校平和資料室を見学して課題を持つ
第二次　「原爆記念日」を読んで、原爆の恐ろしさについて調べる
第三次　「夜のくすの木」を読んで、人の命の大切さを知る（本時）
第四次　原爆記念日の意味について話し合う
第五次　原爆記念行事や記念碑を見学して感想を持つ
◇本時の目標（第3時限）
　くすの木の目を以て、女学生とぼうやを見ることにより、命の大切さ、平和への願いを感じとらせる。
◇学習展開
○授業の流れ・発問・（留意点）
①いつ、どこの話か
・いつ、どこの話ですか。
（本川小の子どもも、たくさん死んだことを思い出させる。）
②くすの木は、どんなできごとを見たか
・女学生に抱かれて、ぼうやはどんなことを言ったり、したり、しましたか。
・女学生は、ぼうやをどう思っていたでしょ

う。
・女学生の心は、かあさんの心になったというのは、どんな心なのですか。
（ぼうやの行動を正しくつかむことにより、どう動かされたかをつかむようにする。）
③命の大切さについて話し合う
・くすの木は、今どんなことを思っているでしょう。
（指導者が教えるのではなく、くすの木の心情としてつかませる。）
④原爆記念日の意義
・どんな願いから、つくられたか。
・もっと調べてみたいことはないか。
（調べる方法を考えさせる。）
◇反省と課題
・原爆記念碑に、一人一人が折りづるを折ったのを六年生が持って行ったが、子どもの体を通して、何かやることはないか。もっともりあがりのあるものをも考えるべきだ。
・特設のよさについて。よい教材を発掘するためにあるほうがよい。体験のある教師は、話す材料にさほど困らないが、若い教師には、もっと勉強する機会がいる。その点では、特設時間をもうけて研究していくのは、じみだが意義がある。

四、実　践

作文「平和は明るい仲間から」を書く

（国語科特設作文・九月）

(1) ねらい
平和は人の心の中でつくられる。
家庭や学校の生活で友愛と信義を大切にする人になること。
(2) 内容・方法
①テーマ
平和について（平和は明るい仲間から）

②素材についての学習（想起）
・原爆の恐ろしさについて正確な理解
　夏休み帳の原爆記念日の説明を読む
　平和資料室を見学して調べたことの想起
・戦争についての歴史的な理解
　広島の歴史の話——水都・軍都・原爆・
　平和記念都市
③取材についての指導
「平和に関係のあることはどんなことがある
か。」話し合う。
・八月六日の原爆記念日のようす
・平和公園の中のようす
・原爆資料館のこと
・戦争や原爆の話を家の人に聞く
・学級のなかよしと平和
・夏休み帳で勉強した、平和への願い
・自分の家と平和
④構想の指導
「平和について、自由題で、作文を書きま
しょう。」
・今まで勉強した取材の中から書きたい題名
をいくつか書き出してみよう。
・平和への願いで、一番書きたいこと一つを
選んで書きましょう。
・見たこと、思ったことをありのままに、順
序よく書きましょう。
・文種は指定しないが、質問があったら相談
に来てもよいです。
⑤記述の指導
・土曜日学習として二時間を充てた。
原稿用紙三枚まで。早くできた人は別の題
で書いてもよい。できなかった人は家庭学習
とする。
⑥推敲の指導
・文の不十分な箇所や語句の間違いを指摘し
て清書後提出させた。

五、作品例

「平和は明るい仲間から」

本川小四年　西　剛弘

ことしの八月五日には、神戸から三人の女子学生が、とまりに来ました。

そして同じ日の夕方、アメリカの女子高校生のアンナさんが、とまりに来ました。

みんな八月六日の原ばく記念式に行くために、とまりに来たのです。

六日の朝、全員六時に起きました。起きた時すずしかったけど、七時ごろになると、太陽がのぼってきて、ジリジリ暑くなりました。

おかあさんが

「あの日もこんな朝だったよ」

「毎年、いつもこうなのよ」

と、いいました。そして、みんな、うなずいていました。

「あついねえ、あついねえ」

と、いいながら、平和公園へ行きました。

もう式典がはじまっていました。

人、人、人で公園は、いっぱいでした。

どこから、こんなに集まって来たのでしょうか。

さすがに、年よりの人がよく目につきました。

そして、式の間その人たちは、じっと耳をかたむけて総理大臣の話をきいておられたのが、とても印しょうに残っています。

アンナさんには、英語のスピーチが、よくわかるだろうなと思いました。

式が終わって、原ばく資料かんへ行こうと思いましたが、行ってみると人がいっぱいで、とうとうぼくたちは入れませんでした。ざんねんだなあ、と思いました。

でも、次の日には、ひるすぎに行きました。

神戸の三人の女子中学生は、「こわい、こわい」とばかりいいあって、手を顔でかくし、走るようにして見ていました。そして三人のうち一人は気分がわるくなって、しゃがみこみました。「本とうの原ばくは、もっとこわいでしょう……」といいながら。

六日の夕方は、己斐橋の下で、とうろう流しをしに、みんなで行きました。

「とうろうは、なぜ流すの」と、アメリカのアンナさんが、おかあさんにききました。

おかあさんは英語で「ヘブン（天国）へみんながかえるのです」と説明していました。

神戸からの友だちは、おかあさんのともだちの子どもたちです。

アンナさんはアメリカから一年まえに来ました。おかあさんは、「みなさんは神戸からよく来ました。みんなに、一つおしえてあげよう。

せんそうは、人間をころしますから、けっしてしてはいけません。わたしのおかあさんは、げんばくで死んだのです。とてもやさしい、おかあさんでしたのに……」

と、静かな、夜の庭さきでみんなにいいました。

（財団法人・広島平和文化センター「世界の中のヒロシマ」第一回論文・作文・ポスター懸賞募集入選作品・特選）（昭和五十二年二月十五日発行）

※備考・この作品集には作文の部に、小・中・高生六十九名が入選し、特選・優秀作品が掲載されている。本川小学校からは十名が入選した。

※紙面の都合で掲載できなかったが、『文集ひろしま』第23集昭和五十二年版（広島市小学校国語研究会編集）に、「原子爆弾が落ちたとき」という題で、大石陽三君の作品が掲載されている。

六、反省と課題

推敲についての指導は、文の優れた所に○○○を付け、不十分な所に――――を付け、簡単な評語をつけて返却していた。

この点については、いささか悔いが残る。

一番よいのは、個別指導である。児童と対面して、用語の間違い、書きたしたい所、不要な所等を直接話し合って、清書させるとよい。児童は、教師から親しく聞いたことは一生忘れないものである。

この他、特別に推敲のための時間を取って推敲の仕方を学習させることも、時には必要であるが、作品を隣の児童と交換して読み、感想を話し合って、自己推敲をさせるのもよい。要するに、文を書いたらすぐ推敲する習慣をつける工夫が大切な指導目標である。

返却した児童の作品は、ファイルに綴じておいて、個人文集にするのもよい。個人の成長や努力の足跡がわかるので、指導の参考になる。

七、おわりに

私が初めて教師として広島市立大河小学校に就職したのは、昭和三十三年の四月二十一日であった。そのころ、「ガリ版先生」「綴方（作文）教師」と言う言葉があった。生活綴り方の考え方を実践するために、一枚文集や、学級文集づくりに熱心な人達のことをいうのである。そして、平成七年度末に退職後の今も、多くの先輩・友人の先生方から、御指導や援助を受けてきている。その御恩への感謝の念は、年をとるにしたがって深まり増している。

国語教育のみならず、教育のあらゆる場面で、鉛筆を持つことをいやがらない人、書くことに喜びを持つような人をつくりたいものである。

（追記）『三、関連学習・「平和学習」』の項目については、本川小学校・平和教育委員会による「平和教育課程」案（昭和四十九年六月十九日作成）、及び、「平和教育の反省」（昭和五十一年十一月十一日）を参考にしていることをおことわりしておく。

九、第三学年「みんな漢字博士」

生信勇荘

1　授業の趣旨

全学年を通して漢字指導を強化することの一環として、漢字の部分の名前を知り、漢字の成り立ちを学ばせることをねらいとして授業が試みられた。

「みんな博士だよ。」

「先生、発表させて。」

低学年の頃は、絵文字からできている象形文字が中心であるが、中学年の頃から意味や音から成り立つ形声文字が多くなってくる。そこで「へん」や「つくり」を中心に、漢字の成り立ちがなるほどとわかり、漢字の力がつくようになることを願って本単元が設定された。

漢字の成り立ちについては、次のようにまとめられる。ここで取り上げる形声文字は、漢字の中のおよそ九十パーセントを占めており漢字指導の中でも、とくに大事なところである。

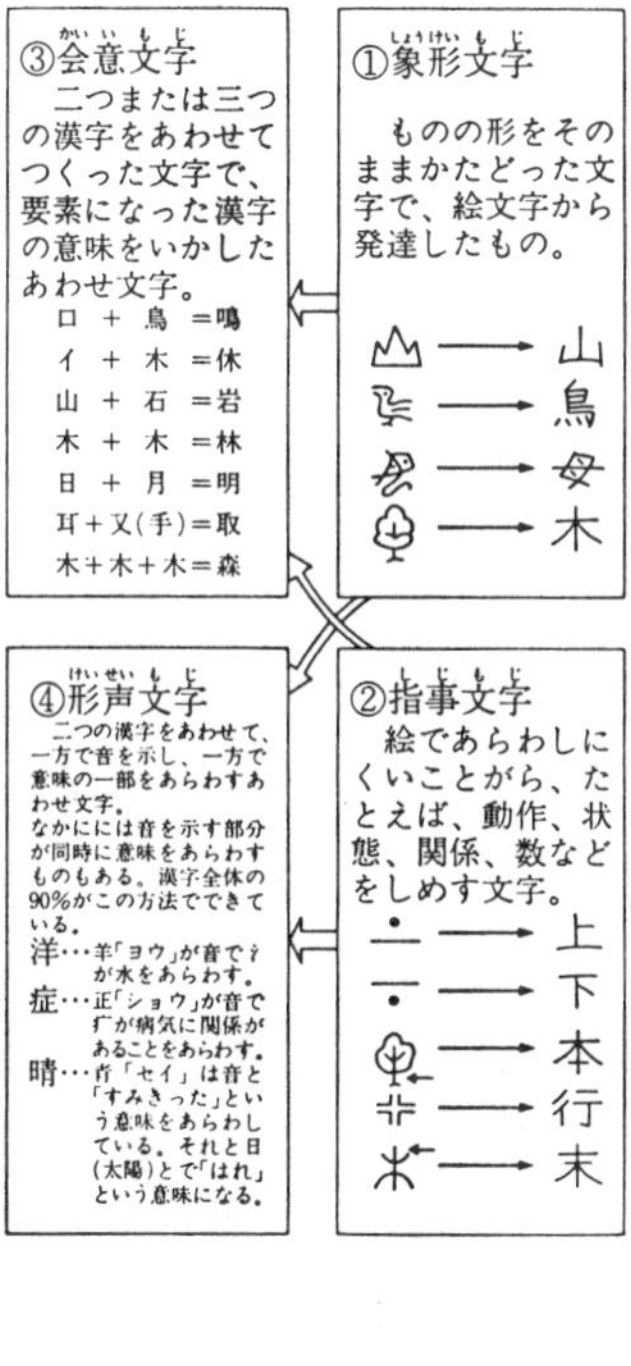
①象形《しょうけい》文字《もじ》
ものの形をそのままかたどった文字で、絵文字から発達したもの。
山
鳥
母
木
②指事《しじ》文字《もじ》
絵であらわしにくいことがら、たとえば、動作、状態、関係、数などをしめす文字。
上
下
本
行
末
③会意《かいい》文字《もじ》
二つまたは三つの漢字をあわせてつくった文字で、要素になった漢字の意味をいかしたあわせ文字。
口　＋　鳥　＝鳴
亻　＋　木　＝休
山　＋　石　＝岩
木　＋　木　＝林
日　＋　月　＝明
耳＋又(手)＝取
木＋木＋木＝森
④形声《けいせい》文字《もじ》
二つの漢字をあわせて、一方で音を示し、一方で意味の一部をあらわすあわせ文字。

なかにには音を示す部分が同時に意味をあらわすものもある。漢字全体の90%がこの方法でできている。

洋…羊「ヨウ」が音で氵が水をあらわす。

症…正「ショウ」が音で疒が病気に関係があることをあらわす。

晴…青「セイ」は音と「すみきった」という意味をあらわしている。それと日(太陽)とで「はれ」という意味になる。


(漢字の教え方　岡田　進　太郎次郎社より)

国語科学習指導案

指導者　生　信　勇　荘

日　時　昭和59年5月9日（水）　第3校時　10：40～11：20
学　年　第3学年1組
単　元　みんな漢字はかせ（かん字の部分の名まえを知り、成り立ちを学ぼう。）

単元設定の理由

○　1～2年の頃は漢字の勉強がすきであるが、3～4年頃になると漢字の学習に興味や関心を示しにくくなってくる。低学年の頃は、絵文字からでてきている漢字が中心なので取り組みやすかったけれども、意味や音から成り立つ漢字がふえてくる中学年の頃から漢字はむずかしいと思うようになるからであろう。そこで、いわゆる形声文字は、漢字の勉強の中で一番面白いことを知らせ、漢字を学ぶ楽しさをわからせるようにしたいものである。

○　担任して間がないが、基礎的な文字（漢字）力は低学年の頃によく練習がなされ大体において定着していると思われる。しかし、これからの漢字の勉強は、意味や音から成り立っている形声文字がふえてくるので、漢字の構成部分についての知識を広め、関心を深めるようにして漢字の読みや意味や用法など漢字に一層自信をもたせるようにする。

　2年生において漢字の構成の特徴を学習しているが、ここではその経験をもとに共通の構成要素（へん・つくり・かんむりなど）の存在に気づき、機械的に覚えるのではなく、漢字の特質といった面に目を向けさせていく。

○　全学年を通して漢字指導を強化することの一環として、本題材「かん字の部分の名まえ」から下巻「かん字のれんしゅう」に続き、5年「漢字の話」の組み合わせた文字、部分と部首へと発展する。

指導目標

○　漢字の構成部分についての知識を広め、関心を深める。
　1．漢字を組み立てている部分（へん・つくり・かんむりなど）の解説を読み取り、分類の練習をする。
　2．漢字（形声文字）の成り立ちを学ぶ楽しさがわかるようにする。

指導内容と評価……………………………… 5時間（本時　第二次　第1時）

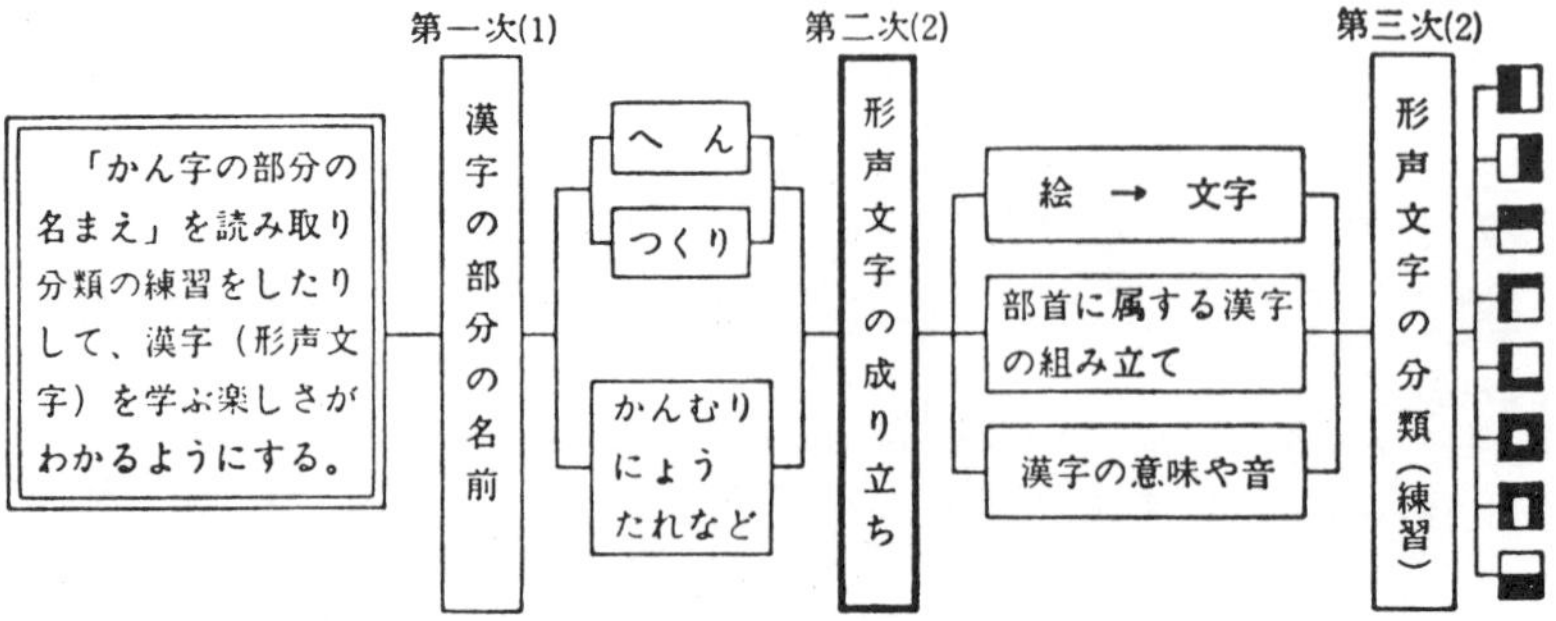

本時の目標

「へん」や「つくり」を中心に、漢字の成り立ちがなるほどとわかり、漢字の力がつくようにする。

準　備　教科書（3年上　学図）ＯＨＰ　掲示カード　プリント

指導過程

学　習　過　程	指導上の留意点
1. 漢字パズルをする。 〈例〉 日 日 翟	1.下記のように、OHPで提示する。 □の中に、同じ漢字を入れてみよう。 〈例〉 日 日翟 1. □を□直える。 2. □也の□。
2. 「へん」や「つくり」を確認する。 左「へん」　右「つくり」	2.絵と字を組み合わせて漢字を作らせる。  氏　反　月
3. 「へん」や「つくり」を中心に漢字の成り立ちを知る。 絵文字＋意味や音 意味＝「へん」　音（読み）＝「つくり」 「へん」の書き方	3.部首に属する漢字を取り上げ、意味を表す部分、音を表す部分をおさえる。 板　「きへん（木）」、木の意味を表す。 へん　つくり　「つくり（反）」のハンの音。  「きへん」「いとへん」などの書き方。「さんずい」などはことに注意する。
4. 同一の「へん」のつく漢字を集める。 糸　言　氵 絵の□の中に漢字を書く。	4.同一の「へん」のつく漢字を、黒板に書きに出させたり、プリントの絵の□の中に書き入れさせたりする。 書かれた漢字の「へん」や「つくり」を確かめるとともに、その読みや意味をおさえさせる。 次時は、「かんむり」「たれ」などの漢字を勉強することを予告する。

2 授業研究の結果

本校の研究主題「自ら学ぶ意欲・態度を育成する指導と評価」という視点と学習指導法との二点より、本授業を研究協議した。

(1) 学習意欲を高めることについて

三年生の特性に合った導入であり、それによって学習意欲を喚起することができていた。また、学習の流れもわかりやすく、「同じ漢字が使われていること」「組み合わせて漢字を作ること」「へんとつくりの意味」と目標にむかって自然に展開していった。しかも、それぞれの節に数多くの内容を盛りこんでいたが、消化不良になるということがなく「内容は欲張らず」の精神が生かされていた。

ゲームやパズルを進める中でOHPや掲示カードが効果的に使われており、「何をするのかな」「やってみよう」という気持ちが湧いていた。それだけに「きへん」などの書き方の説明の場で、もう一度パズルで用いたTPを掲示すると、パズルで学習したこととの結びつきがわかりやすいと思われる。

絵の文字が効果的に活用されており、漢字は作られるものだということ(本時のねらいである「漢字の成り立ちが、なるほどとわかり」)がはっきりしたようである。

(2) 学習の仕方を身につけることについて

子ども達は、学習活動1~3によって「自分もやってみたい」という気持ちが盛り上がっていた。そのあらわれが黒板に書きたいということであった。そこで、全員の児童にこの活動をさせるとよかった。そのために、例えば、学習プリントを配布するなどして、各自に「糸」「言」「氵」の漢字を集めさせたり、教科書にある「二年生までに習った漢字」や新出漢字の中からさがさせたりする活動を用意することも考えられる。

漢字を一つの出来上がったものとしてとらえ、

その漢字を知っているかどうか、正しく書けるかどうかということだけで漢字の指導が行われることが多いが、本時のように角度を変えた漢字へのアプローチは大変参考になった。

⑶ 指導法について

①児童の活動を促す教材・教具であったか

「へん」や「つくり」を中心に漢字の成り立ちを知る活動（学習過程3）で掲示されたカードは、意味・音を表す部分をおさえる上で大変良い教具であった。隠れていたものが出てくる楽しさ（OHPのマスキング法的手段）が効果的に取り入れられていた。この扱いの中で、取りはずしたカードを板面に位置づけずに取り去られた。これは、板面に位置づけておくとよい。「板」の「木」が取りはずされ、その下から「へん」という字が出たが、その「へん」のすぐ上に「木」を位置づけておくこと「木へん」ということがはっきりと頭に残るのではないか。

②児童の活動する場が設定されているか

学習活動1～4を通じて聞く学習が多かった。「聞くことは忘れる、見ることは覚える、実際に体を使って行うことは理解できる。」と言われていることからすると、もっと作業場面を設定することが望ましい。例えば、ひとりひとりが文字を探すとか、知っている漢字をノートやカードに書くとかの活動である。また、「見ることは覚える」ことと関連して、先生自身がもっと黒板やTPに文字を書かれると見て学ぶ効果も発揮できたように思う。

3　授業者のまとめ

授業の組み立て、流し方に一層の工夫が望まれる。パズル・クイズ→「へん」と「つくり」→漢字集めという流れの中で授業が解説型になってしまった。また、漢字の成り立ちを理解させていく順序はこれでよいか。児童に楽しませると同時に発見させていく、考えさせていく場をどう設定するかなど多くの課題が残された。

研究授業は、研究主題の解明もくしくは追求の授業でなければならないし、方法的に新機軸を打ち出すものであっても、児童の自ら学ぶ意欲・態度を育成する学習の仕方を示唆するものでなければならない。

基礎的基本的学力の充実という焦点的な面、合科的総合的な学習という広い立場、自ら学ぶという学習の仕方を学ばせる多様な面を一つの授業の中だけに求めることにむずかしさをおぼえる。国語科としては、漢字を学ぶことの楽しさを味わわせる新指導法の開発など多くの重要な問題を解明していかなくてはならない。

最後に、この授業のことを書いた児童の日記をそえておく。


研究会があって、大ぜいの先生方がおいでになりました。その時間は国語で、かん字の部分の名前をやりました。

さんずいや木へん、糸へんなどのへんを勉強しました。ほかにつくりの勉強をしました。へんは意味、つくりは読む音ということです。

先生が、

「糸へんのつくく字を書ける人」

とおっしゃったので、ぼくは、給食の給を書きました。

あててもらうとうれしいです。

かん字は一番すきです。


（男児）

付　ＮＨＫ「漢字の練習」

ＮＨＫ教育テレビ「おかあさんの勉強室」小学校二年生が、広島中央放送局が担当制作することになったのが昭和四十三年四月であった。その第一回めが「二年生になって」という企画で、たまたま一年生を担任していた私の方に話があった。当時、校長で広島大学教授（教育学部）心理学の林　重政先生が指導に当たり、春から二年生になる子ども達とその番組に出演することになった。担当アナウンサーが、また林　孝彦氏、両林氏のご指導を受けることになったわけであるが、「二年生は、一年生の延長ではあるが、二年生一年間でみるといろいろな変化がある。」ことを、学校生活へのなれ、集団意識のめばえ、行動半径の広がり、一年生を迎えて意識の向上がある、などを具体的に述べたり演じさせたりした記憶が残っている。

そのご縁で、昭和四十五年十二月、お母さんの勉強室「漢字の練習」に、再び出演することになった。子どもさんは、広島市立本川小学校の児童と、同小学校の金国ミサオ先生、アナウンサーは増田康氏。

低学年での漢字学習は、すべてが基本となるものですから、正確でていねいな指導が必要です。漢字に対する親しみをもたせ、自分からわからない語句を確かなものにしていこうという意欲をもたせることが特に大切です。そして、一年生では、文字をていねいに書こうとする態度が中心になりますが、二年生では、字の形や筆順に注意して正しい字を書くことが大切になります。この時間は、こうした漢字の練習におけるいろいろな工夫について考えます。

ということが、テーマではなかったかと思う。

番組では、はじめに「右」と「左」の筆順の違い、そのわけ（＝右手、＝筆順、＝左手、＝筆順）を私がお話して、本川小学校の教室での漢字指導風景が放映された。その中で、金国先生は、子どもさんの名前から漢字の成り立ちにふれ、木林　森、さらにクイズ的に発展させて、𣡕（ジャングル）とあつかわれたのはおもしろく感じさせ

られた。「雪」という字の意味づけ、手（⺕）の上にのる雨が雪ですよ。それから「歩く」の筆順の指導など、ゆきわたった漢字指導、漢字練習に敬意を表した。

あとの座談会で、ふだん授業で感じられていることを金国先生と話し合い、結局、書きやすさ、形の美しさ、速さということから先人が到達されたものが筆順、しかし、あくまでも絶対的なものではないことなど、また、要は、漢字練習は、子どもの筋肉を使っておぼえる、言葉として書く練習をする、機械的な練習だけでは意味が薄いなどを取り上げたと思う。さらに、生活の中で、読み書きを広げていくことの多いことやその必要性などを話し合った。

十、作文指導での先輩との出会い

佐藤陽祐

はじめに

小学校における国語教育の研究実践に、四十年近くかかわらせていただくことができた。この間のつたない歩みを振り返りながら、これもひとえに野地潤家先生、松永信一先生、森本正一先生始め大学関係の先生方、勤務校や安田平一先生、宮原健治先生、向井信之先生など国語教育研究会の諸先輩や同僚の方々の温かいご指導のお陰と、感謝している昨今である。

一　初任校にて

昭和三十一年春、私は新卒として広島市立荒神町小学校に勤務することとなった。同校の児童数は、千人を超える規模の学校であった。岡澤水校長先生始め先生方の懇切なご指導により、教員としての仕事に早くなじむことができた。

荒神町小は、当時県の統計教育研究指定校として研究実践を進めてきており、同年十一月には、第二回全国統計教育研究大会の一日目の会が同校で全学級の公開授業や研究発表を中心に開催された。統計教育の研究は、その後も引き続き行われた。

国語教育については、市小学校国語教育研究会副会長であった岡校長先生や同研究会の役員であった木村イサヲ先生、楠輝夫先生などから、日常の授業や研究授業を通してきめ細かな指導をいただいた。

昭和三十六年度から荒神町小では、「子どもの情操を豊かにするにはどのようにしたらよいか」という努力事項の主題が設定された。学区や学校周辺がバス、トラック等の車両の往来の激しい環境の中で育っている子どもたちに、一層美しい心情と温かい人間性を培うことを目的としたものである。実践に当たって、各学年の担任や専科の職員で組織する作文、音楽、図工の三部会において具体的な研究実践の内容や計画案を定め、全体研究会での検討後、実践に移された。

私の所属した作文部では、作文カリキュラムの作成、作文コンクールの実施、一枚文集や学校文集の編集、作文ポスト・掲示板等の整備などの内容や全員による研究授業、各月の研究部会の進め方などが定められた。

作文部の研究実践に当たって、作文指導に成果を上げておられる実践家の指導助言を受けることとなった。市小学校体育研究会長でありその年度荒神町小に着任された今田親人校長先生から、市小国研会長の下村赳夫校長先生に紹介方を依頼された。下村先生から安佐郡祇園町立長束小学校の丸岡英治教頭先生の紹介があった。当時安佐郡内の各小学校では、作文指導の意欲的な研究実践が積み重ねられ、文集『あさの子ら』を発行され、鈴木三重吉賞でも多数の受賞作品を得られていた。丸岡教頭先生は、郡小学校国語教育研究会のリーダーとして活躍されていた。

二　丸岡英治先生にお会いして

同年五月、丸岡教頭先生のご指導を受けに長束小の学区内に住んでいる私が行くことになった。荒神町小からの依頼書に加え、当時長束小に勤務していた学生時代同期の友野重紀氏からもお願いをしておいてもらった。先生にお目にかかったことはあったが、親しくお話をうかがうのは初めてである。

放課後、緊張して現在の祇園大橋北付近にあった木造校舎の長束小を訪問した。先生は、校長室で気軽に対応してくださった。最初に荒神町小の研究計画について私から説明申し上げた。

続いて、丸岡先生から次のようなご指導をいただいた。

――作文指導は、児童の人間形成に重要な役割を持っている。児童は心の中にあるものに問いかけ、文章の形で外に出していくのである。作文は子どもの心の表現であり、書くことによってものの見方や考え方、感じ取る力が高まり、情操が豊かになり、人間として成長していくので、ぜひその指導の充実のために努力してほしいと述べられた。

また、作文指導は他の指導と同様であるが、年間指導計画に基づく計画的な指導がなされなければならない。表現能力の指導系統表を確認し、作文単元による指導や特設作文指導の時間などを計画する。低学年では、日記や生活文、詩などの指導を中心に、中学年からは、記録・報告文、感想・意見文、創作や編集などの文種の指導も取り上げていく。指導計画は、絶えず見直し、改善を図ることが必要であることなどを指摘された。

さらに、自己を文章で表現し、考える力や豊かな心を育てる作文指導において、子どもとの日常的な対話、心の触れ合いが大切であると話された。日記を継続して指導し、日々の生活における自分の思いや考えなどを書くことにより作文力を養い書くことを持たせるとともに、適切な評語などにより子どもとの心の交流を図ることも重要であると述べられた。

記述前、記述中、記述後の指導の中での子どもとの対話は、とりわけ書いた後に重点を置いている。よく書けているところをほめ、書き足りないところなどについては、生活文などの場合その時見たり聞いたり考えたりしたことを想起させ、何度か書き直しをさせ、最初の作品と比較してよく書けたことに気付かせて自信を持たせるようにしていると話された。

終わりに、課題があればいつでも気楽に相談に来てほしい、校内研究の充実を願っていると述べられた。――

校務多忙の中にもかかわらず、一時間余も熱心にご指導くださった丸岡教頭先生や友野氏にお礼を申し上げ学校を辞した。

三　校内の研究実践の展開

丸岡先生にご指導いただいたことを、後日作文部会や全体研修会で、メモを基に報告した。指導を受けた事項を当初の計画に十分取り入れ、三十六年度からの研究を深めて行くことを確認し、実践に取りかかった。その概要は次のとおりである。

まず、カリキュラムの作成を始めた。荒神町小では、従来広島市のものを使用して来たが、教科書の採択替えもあり、学校の実態に即したものを作ることとした。初年度の試案は、題材一覧表のような小冊子であったので、翌三十七年度には、題材一覧表、表現能力指導系統表、表現活動一覧表に加え、学年・月ごとに単元、題材、文種、指導目標、指導内容、作品処理、行事資料、研究主題との関連などの欄による八十ページの『荒神町小作文カリキュラム』を作成した。

これらのカリキュラムにより、日常の指導や研究授業を進めた。研究部会や全体研究会で作文教育即情操教育ではないが、文章表現力を高め、子どもとの対話などにより人間関係を一層深め、情操を豊かにするよう努めることを確認した。その後も、実践に基づきカリキュラムの改訂が行われた。

校内作文コンクールは、六月「伝記を読んで」(高学年例)、十月「読書感想文」、一月「考えを書く」(高学年例)の三回実施した。参考となる作品は、校内で掲示したり一枚文集や学級文集に収録したりした。

一枚文集は、三十七年度には各学年とも担任が交替して学年一枚文集として編集し、九月から二月まで各学年九号発行し、当該学年の全児童に配付している。第四号は読書感想文特集号で各学級の作品を三枚程度に編集している。

六年第九号には、私の学級の児童の詩十点を掲載した。次の作品は、学校正門前の国道に架けられ一週間前竣工式のあった、広島市最初の学童陸橋についての思いを語った詩である。

荒神学童陸橋　　六年　安田　啓子

荒神学童陸橋。
私達のために造ってくださった陸橋。
きれいな朱色をして、
毎日、私達をやさしくむかえてくれる橋。
がんじょうな体で私達を守ってくれる橋。
まるで、もう一人のおかあさんのようだ。
このおかあさん橋を
私達で、いつまでも大事にしてあげよう。
いたずらっ子が、

らくがきや
色をはがしたりするかもしれない。
そんな時は、ごめんなさいね。
でも、私達は、
そんなことのないように努力します。

この学年一枚文集は、三年目には二枚文集として編集されている。

学級文集は各学級で工夫して刊行した。高学年の私の学級では、学校の周りにそびえる煙突にちなんで、『エントツ』という文集を児童の委員が中心になって卒業文集を含め三号まで編集したが、同学年の森壽先生は、一年余りの間に文集『若葉』を十号まで意欲的に発行した。ガリ板で書かれた子どもたちの文字に、心が込められているように思う。

当時、市内のいくつかの学校では、学校文集が編集発行されていた。荒神町小でも、三十六年度に子どもたちの作品のうち各学級十点ずつ選び、学校文集『ユーカリ』創刊号を編集した。文集名は、学校の西側の国道の塀に沿って植えられ、車の轟音や砂塵をさえぎり強く高く美しく伸びているユーカリの並木のように、子どもたちも健やかに成長してほしいという願いから付けられた。第二号から下学年、上学年用の二分冊とした。この文集等の資料は、丸岡先生にも謹呈した。三十八年度から私は転勤したが、学校文集は引き続き五号まで発行された。第三号からは、卒業までにどの子も一度は作品が載るように配慮されている。

学校文集『ユーカリ』第二号上学年に掲載されている、私の担当した児童の作品を紹介する。

えんとつ　　　　六年　山本　興太

教室から見えるえんとつ。
低い建物の中に「ぽつん」と
立っているえんとつ。

大きいがけむりも出ない。
そばで小さいえんとつが
黒いけむりを
もくもく出している。
それを
くやしそうに見ているえんとつ。
冬には
青くなって寒そうに
夏には
赤くなってとても暑そうに
たださびしそうに
「ぽつん」と立っている。
えんとつ。

※なんの変化もなさそうに見えるえんとつにも、さまざまな表情があるものですね。さびしそうに立っているえんとつに対する思いやりが読み取れます。

さらに、三十八年度からは『たきび』、『こおろぎ』、『さくらんぼ』という児童詩集も三年にわたって発行されている。作文指導がさらに充実してきたものと思われる。

なお、丸岡先生が強調された日記の指導についても、それまで私も実施していたが、その後もその指導の重要性、継続性を再認識し、担任全員で一層力を入れて進めることとした。

努力事項の主題の解明のために、丸岡先生から作文指導のあり方、進め方についてご示唆いただいたことを取り入れて、作文部を中心に校内挙げて取り組み、研究実践を持ち寄って熱心に協議してきた。その積み重ねにより、少しずつ児童の作文力が育ち情操も豊かになり、指導者にも自信が付き始めるなどの成果が上がってきたように思われる。

荒神町小の校内研修の充実のために、丸岡先生は大きな力を与えてくださった。二年目の終わりに、先生に研究経過の報告やお礼を申し上げた。

四　丸岡先生とのその後の出会い

昭和三十八年度から、市立三篠小学校に私は転勤となり、土川信人先生、海老村喜代子先生、石野康博先生などに親しくご指導いただいた。同校で担任した五年生の学級の中に、奇しくも丸岡先生のご長男の丸岡道夫君がいた。丸岡君は、体も大きく、明るく優しい人柄で、級友の信頼も厚く学習意欲のある児童であった。

日曜参観日には、丸岡先生はよく教室に来られ、我が子の学習の様子や私の国語等の授業を見ておられた。同校に二男、長女の方もおられたので短い時間ではあったが、先生の姿が印象に残っている。休憩時間にお会いして、前任校における指導のお礼や今度のご指導についてもお願いした。

昭和四十六年から、安佐郡の各町と広島市との合併が進み、四十八年安佐郡小国研と市小国研は合体した。市小国研では合併以前から交流があったが、これにより多くの指導者や会員を得て充実した研究実践を行うことができるようになった。

丸岡先生にも、研究会や管理職として勤められている学校で度々お会いし、作文指導や学校経営等について適切なご指導をいただいた。昭和五十三年度からは新設された安北小に二校目の校長として赴任された。同校でも、学校経営の充実などに尽力され、六十一年春、長年にわたる学校教育の仕事から退かれた。

これからは、テーマからはずれる面もあるかと思うが、丸岡先生との出会いの発展について述べさせていただく。

昭和六十二年七月、丸岡先生にご指導を受けた長束小に私は配転となった。書写指導等に顕著な功績を上げられていた同校の三浦敏男校長先生が、前月急逝されたことによるものである。学校は新卒の頃訪れた場所からＪＲの駅付近に移っている。

平成元年二月末日、児童の吹奏楽部の指導の先生から、ＲＣＣ等で活躍されている音楽家を一日指導者として招くので、お会いしてほしいという依頼を受けた。

夕方、校長室に来られたその方とお会いししばらく話しているうちに、小学校時代の丸岡道夫君の面差しが浮かびその旨話すと、彼は「ばれたか」と言って大笑いした。中三の時、音楽活動の盛んな県立高校に進みたいがどうかという彼からの進路相談の手紙に、私は賛同と激励の返事を出した。志望の高校に入学した一年の時に会ってから二十年ぶりの再会であった。東京の私立音楽大を出て、かの地で音楽活動をしていることは聞いていたが、帰省していることは知らなかった。しばらく昔のことや近況についての話がはずんだ。

背が高くよく太った彼を音楽室に案内し紹介した後、指導の様子を少し見せてもらった。指導が終わってしばらく話し、再会を約束して別れた。

丸岡英治先生から思いがけない電話があったのは、十日余り後である。来校後二、三日して、内臓の調子が悪くなり入院したが、今日ついに帰らぬ人となったとの涙ながらのご連絡であった。元気な彼に会ったばかりなのにと、信じることができず、しばらく言葉が出なかった。丸岡先生の悲しみはいかばかりであったろうか。

葬儀の日に彼の愛用したトロンボーンの置かれた棺が、級友たちの奏でるトランペットの音に送られ出棺した時の様子が、今でも久しぶり会った時の彼のにこやかな顔とともに鮮明に浮かんでくる。

四十九日の法要で、父親の丸岡先生から、道夫君が三十六年の短い生涯の中で作曲した遺作集「丸さんのおんがく」というテープをいただいた。県内の多くの企業等の歌で、みやび「夢色・虹色物語」、広島そごう「二人のビューティフルディ」、中国電力「夢をいっしょに」などの十曲と数多くのCM小作品が収められている。その後、私も明るくさわやかで心を打つ歌や曲等の収められたテープを繰り返し聴きながら、病に侵されるのもいとわず、全身を傾けて作曲している時の彼の顔や丸岡先生を思い描いている。

早逝した彼の墓には、「釋樂峯」と法名が刻まれている。丸岡先生も平成五年に六十八歳でご逝去になられ、お二人は丸岡先生最後の勤務校近くの墓地にある同じ墓で永眠されている。温かいご指導をいただいた丸岡先生と道半ばにして他界した道夫君のご冥福をお祈りしている。ご二男は、丸岡先生のご遺志を継ぎ教育の道を歩まれている。

おわりに

三十年に及ぶ丸岡英治先生との出会いとその後の歩みについて記した。丸岡先生との出会いは、作文指導のみならず教育のあり方について大きな示唆を与えていただく素晴らしい機会であった。

今後も丸岡先生との出会いを大切にし、先生の国語教育、作文指導等にかけられた意欲や情熱に学び、努力を続けていきたいと思っている。

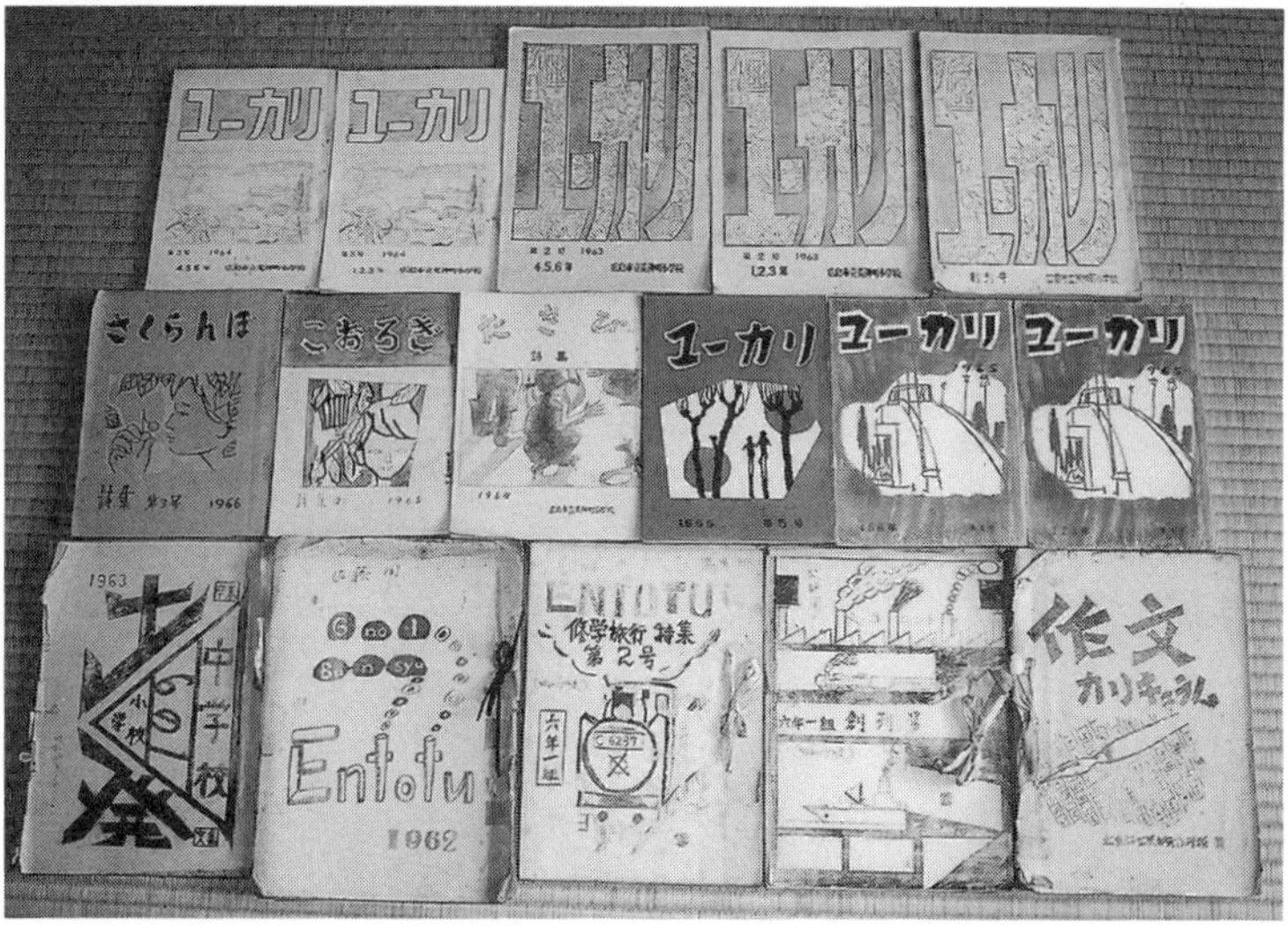

広島市立荒神町小学校 学校文集・詩集等
（昭和37〜51年度）

十一、素直さの文箱

――『文集ひろしま』永遠なれ――

白石　藏

「『つくし』って、土の筆と書くのだよ。」

「ふーん。だったら、つくしが書く字は？」

「そりゃ、やっぱり『はる』だよね。」

　一年生の子ども達と、担任の先生の留守を生活科の「春さがし」に出かけた時のこと。

　枝を落とされた銀杏の巨樹を見つけると、口々に大声を上げます。

「ワーイ、巨大なロボット！」

「力太郎だ！」

　三十七年間の広島市の教員生活で、どれだけ子ども達に支え続けられたことでしょう。

　子ども達のつぶやきに驚かされ、学生時代から書き綴った自作の詩の作為に満ちたつまらなさに打ちのめされたこともありました。

> はる
> ああ　くさがぬっか
> にえがすっど
> （鹿児島県　一年男子）

　待ちわびた春の喜びを、これ程までに素直に言えるなんて、いいなあと思います。

> 汽笛
> あの汽笛
> 田んぼにも　聞こえただろう
> もうすぐ　あばがかえるよ
> やえぞう　泣くなよ
> （秋田県　四年男子）

　敗戦後の日本の農村の風景が、目に浮かんで来ます。そして、「あの汽笛」という指示語に汽笛が大切な時計代わりにお日様と共に使われていた貧しかった時代を思い起こさせてもくれるのです。

　よく出かけた大阪市の国語研究会で紹介された

一年生女子の「まる」という作品は、子ども達に送る「まる」の大切さを鋭く指摘されたようで、それ以後どんな時も「まる」印は必ずきちんと印すように心がけたものでした。

「五じゅうまる」をもらった少女が、かばんに入れないで手に持って帰ります。その嬉しさが、最後の一行に凝縮されます。

――よい　お天気でした――

いつも、子ども達の素直で鋭い感受性に励まされどんなに落ち込んでいても再び教場に向かい直した三十七年間でした。

とりわけ、広島市の国語教育、なかでも作文教育にはすばらしい先輩の方々が多くていろいろと学ばさせていただきました。特に、「生活ノート」の活用を教えていただいたことは大変役立ったように思います。

「秋を見つける」という三年生の単元で、子ども達はいろんな秋を自分の五感を反応させて見つけました。それが出発となって、学年を問わず担任を外れても子ども達といろんな土地でさまざまな季節の発見に努めました。他人の発見のよさを認め合うことで、更に自分の眠っていた感受性が目ざめるということも多々あったように思います。

「毛皮のように咲いている　けいとう（鶏頭）のまわりを　赤とんぼが飛んでいる。明日は妹の運動会。きっといい天気。」と綴った少女。

「テレビを見ていたら、ドンという大きな音がしてテレビの画面がゆれた。急いで物干し場に上がると、大きな花火がパッとさいてちっていく。いよいよ夏祭りが近づいたな。」と、生活の中で見事に季節感を表現した少年。

出会った子ども達の作品は、常に大切に保管するように心がけ、小さな文集にしたりいろんな原稿募集にも参加しました。

それも考えてみれば、広島市の全国に誇れる『文集ひろしま』と「作文通信」の存在によるところが大きかったように思います。

『文集ひろしま』は、教員になった昭和三十六年から、退職した平成十年まで本当に私にとっては大切な存在でした。

言われるままに、クラス二十二名の全児童の詩や作文を応募させていただいてから、担任をやめるまで毎年必ず子ども達と参加させていただきました。若い頃は掲載してもらっただけで喜びましたが、先輩の先生に勧められて編集や監修の仕事をさせてもらって如何に大変な労作であることかが思い知らされました。

初めて原稿用紙の山を受け取った時は、声も出ない程唖然としてしまったことを覚えています。ひたすら読み続け、気がつけば朝になっていたこともあり、つたないなりにその仕事を多くの人に迷惑をかけながらもやり終えたのは、たった一つ「子どもの表現したものを読むのが好き」ということに尽きるように思うのです。

三年間、『文集ひろしま』のまとめ役の仕事をいただいた時は、何度も逃げ出したくなりましたが、学校の教職員の方々を初め、何より原稿を出してくれた子ども達の見たこともない顔を想像して何とか「あとがき」を書き終えた時の気分は忘れられません。もっとも、発行後の売れ行きは、本当に気になりましたし、とにかく駅伝のたすきのように次の年へ継ぐことが自分を支えていたように思います。

今、時々出しては読み耽る一冊の『文集ひろしま』があります。

25周年記念抜粋文集として、昭和五十五年三月に発行されたものです。

宮原健治会長、小川利雄先生、そして、特集号編集にご尽力くださった安田平一先生、さらにはあとがきを書いておられる細井迪先生の文を拝読しながら、つくづく『文集ひろしま』は広島市小学校国語教育研究会の全国に発信出来る大切な教育遺産のような気がするのです。

その記念文集には、八千人以上の児童の詩文から一八〇点が採り上げられています。

もちろん、今も語り草になっている詩「とろせん箱」もあります。何度読み返しても心にじーんと響く佳品です。

それらの作品の中に、初めて教職に就いた年の小さな学校の少女の作品が収められています。その作品を読む度に、「すなおさ」の大切さをつくづく思います。

おつかい
お日さまがてりつける。
あせをながしながらペタルをふむ。
でこぼこ道でも、
アスファルトの道でも、
遠くても、近くても、
わたしなら行く。
日にやけて、いろがくろくなるかなあ。
でも、じてん車のおつかい、
わたしはすきだ。
（N小　四年　女子）

寸評は、「すなおな詩。『わたしならいく。』『わたしはすきだ。』のことばが生きています。そこに気持ちがにじみ出ています。」と記されています。

四十年以上たった今、その地は大きなビルが建ち街はすっかり様変り。五十歳になったであろう作者の倖せを思いつつも、あのあどけなかった少女の顔が浮かんで来ます。

ありがたいことに記念文集には、もう一つ作品が採り上げられていました。

しゅじゅつ
へやじゅう、
しょうどくのにおいでいっぱいだ。

「こわい。」

「くすりをつけるだけよ。」

おかあさんがいった。

うしろから、おとうさんがつかまえた。

口の中に、大きなきかいを入れられた。

「いたい！」

でも、声が出なかった。

血がたくさん出て、口の中がぬくくなった。

へんとうせんを切ったのだ、と思った。

とてもいたかったし
声も出なくてくるしかったけど、
おかあさんが、

「もうおわったのよ。」

といったとたん
きゅうにほっとして、
なみだがぽろっと落ちた。

（H小　三年男子）


「『しょうどくのにおい』『つかまえた』『声が出なかった』そのくるしみを通りすぎて、『なみだがぽろっと落ちた』のですね。たしかな書きぶりの、いい詩です。」と、寸評にあります。


作者には、今でも時々会うことがあります。

「先生、厳しかったよ。でも、優しかったね。」と笑って言う顔が嬉しいのです。


素直な表現をする子ども達の作品でいっぱいだった『文集ひろしま』。


二十一世紀に入り、ますます混迷する世相の中で、ひっそりと孫の成長を楽しみにゆっくり歩む自分に、通りすがりの自然が見せる風がいろんな声を聞かせてくれます。

「人は、もっと素直に！　あなたはもっともっと素直に！」と。


もれ聞くところによれば、時代の流れの中、『文集ひろしま』が揺れていると……。仕方ないと思いながら、珠玉の言魂集の継続を心ひそかに願うや切。

数え切れない程多くの方々が、それこそ全身全霊で努力されて培われて来た、広島市小学校国語教育。そのほんの一隅に立たせていただいたことを、私は心の中で誇りに思います。

大河の流れも、源はたったの一滴。

白神山地で聴いた水滴の音とブナ林を走る「風の又三郎」の風が、「素直な心」の再生を静かに呼びかけていたことを忘れません。

十二、卒業文集を通して

畑本龍三

今でも、学級担任をしていた頃の児童達の顔が、目の前に浮かんで来ることがある。あの時、あの児童には、このように声をかけるべきだったのにとか、今なら、このように指導をしたのにとか、今更、反省しても、どうなるものでもないのに考えこむことがよくある。

授業の終わるのが待ち遠しくて、前の掛時計の針とにらめっこしていた児童。勉強がよく分からず、気持ちを落ち込ませた児童もいたことを思い出す。

私は、休憩時間には、出来るだけ、校庭に出て児童達の遊びの輪の中に入るように努めた。児童と接することによって教室の中では、分からない児童の姿を発見し、そのことが、授業を進める上で役に立ったこともある。

児童達が、やってみようという気持ちになり、やり遂げ、そのことが喜びとなり、自信を持つことになればと思っていた。しかし、指導をしてみて、うまくいったことよりも、そうでないことの方が私の頭の中にこびりついている。

かつて、私が担任した学級の児童達の卒業文集が手元に残っている。その一冊の中から二編の作文をとりあげてみた。一編は、音読の不得意な児童が努力し、少し、自信を持つようになったことを、もう一編は、日記を書き続けることを友達と約束し、それが習慣となったことを書いたものである。

「勉強とぼく」

大休憩が終わって、みんなが外からどやどやはいってきた。

そして、三時間目のはじまりのチャイムがなって勉強がはじまる。三時間目は、国語だった。

（中略）

先生が、ぼくに読みなさいと言って指名された。ぼくは、やったあと思って、きょうこそ、うまく本を読もうと思った。

そして、読みはじめた。きょうは、すらすら読めた。（後略）

「日記とわたし」

六月十六日から今まで、わたしはずっと日記を書き続けてきました。最初のころは、友達と約束したから書かないといけないなという感じで書いていたけど、今では、日記を書くことがとても楽しくなりました。どうしてかというと、日記を書くには、まず一日をふりかえってみて、どんなことがあったかを思い出さなくてはいけません。そして、今日一日で楽しかったこと、自分で反省しなくてはいけないことなどを考えます。その中でも一番心に残っていることを書きます。このように一日の出来事をふり返って、どんな日だったかを考えるのが楽しいのです。

わたしが日記を続けて書くようになったのは、六年の一学期のことでした。同じ班の友達と日記を書こうと約束したのでした。

（中略）

今では、あの時、友達と約束して、とてもよかったと思っています。わたしにも、なにか一つがんばってやりぬくことができたし、それを習慣にすることもできたからです。

せっかく習慣になったのだから、これからもずっと続けていきたいです。（終）

日記を書くことを約束した、もう一人の児童も、つかれていても書き続けたこと。習慣になってしまったこと。そして、これからも書き続けていきたいと卒業文集に書いている。

今では社会人となった当時の児童達。卒業後、一度も会う機会のない子等も多い。どのように成長しただろうか。会った時、どんな話が出て来るだろうか、とあれこれ考えるものである。

十三、青の時代

平山　威

〇〇年前の頭の中のビデオテープを再生。映像も音声はぼやけているが、あの時のことは鮮明である。

将来を決める早春。親の言うままにならず、自分が決めなければ。「先生になりたくないのなら、うちの山口町の家が空屋なの、スタンドでもしたら」と言ってくれる者がいる。蝶ネクタイもいいや。バーテンだ。進路は決まった。と、体は自然に附小・中・高校横の道を鷹野橋へ。麻雀屋のおばさんが渡してくれた千円を元手に、負けず、勝ちが目立たないよう。帰りには、千円返して千円の儲け。食事付きの一寸したアルバイトに。

その日、はじめて家主のおばさんから電話。「多分そこだろうと思ったの。某町の教育長さんが、大学に来られているので、すぐ研究室に来るようにと連絡があったの。直ぐ行かなくちゃあ駄目よ。分かった」

「でも……」

「でもも何もないでしょう。バーテンをするために大学に行ったの。郷里の親ごさんは泣くに泣けないでしょう。しょうのない親不孝者が。教育長さんに『よろしくお願いします』と頭を下げるんよ。分かった」

結局、親の願いを半分受け入れた形で、広島での教師稼業。

五月一日。六時起床、バスで駅まで、国鉄に乗り換え、赴任校へ。茶系の地味派手な、いっちょうらの背広、一枚きりの糊のきいた白いワイシャツ、一本しかない赤いネクタイ。

新任と思われたのか、年輩の男性に声をかけられる。

「おはよう。四月に広島教育事務所から、新任の教頭として来たんよ。年をくうた先生の同期生。よろしく頼むよ」

「おはようございます」

「今日は参観日よ。新任の男の先生が来られると、保護者が多いようだ。教育長も校長先生も待っておられますよ」

　校長室で、教育長〇〇〇、校長〇〇〇〇、PTA会長〇〇〇〇と何人かを紹介される。

「今日から、本校でお世話になることになりました。ご指導をよろしくお願いします」

頭を下げる。校長が、

「先生には、五年生を担任してもらいます。四月中は、ベテランの先生に面倒を見てもらったので、学級経営が楽でしょう。新任の男の先生だと、子供も保護者も期待しています。今日の日程は、一時間授業後に児童は下校。先生は、私と挨拶回り、五時から先生方との歓迎会です」

　就任式終了後、すぐに北側校舎二階の教室へ。多くの保護者に見つめられながら、校長の後について行く。教卓の横で、「国語の授業でもしてみて下さい」と、ざわめきが一瞬静まる。鮨詰めの教室、子供と親がいっせいにこちらに向く。何の予告もなし、教師なりたてに、鍛えてくれるよ、まいった。うまくどうにかこなし、拍手喝采といきたいが。とにかく、この一時間をどうにか終わらせなくては。

　気持ちを落ち着け、座席表を見る。後ろの席で目をキラキラさせて、こちらを見ている女の子に、

「〇〇さん、今から勉強するところはどこからか、ぼくに教えてくれますか」

「はい、『お母さん』という単元の一時間目からです」

「ありがとう。『お母さん』なのですね」

と板書をし振り返る。新任の初指名を受けたため
か、大観衆に圧倒されたのか、少し赤い顔して座っている。

「では、『お母さん』の勉強をする前に、わざわざ参観日に来て頂いた、君達のお母さんの一番良いところを発表して下さい。恥ずかしがらずに手を挙げて下さい」

母親は互いに顔を見合わせひそひそ話。子供は下を向く、挙手はない。方向転換。

「では、教科書を読みますから、皆さんは、ぼくの声に合わせて目で読んで下さい。そしてお母さんのどんなことが書かれているか、考えながら聞いて下さい」

終了のチャイムが待ちどおしい。

「先生、クラス会をしようやあと言うことになったんよ。みんながどうしても先生に会いたいと。盆には郷里に帰るんじゃろう。先生の都合に合わせるから。うんてゆうてもらわんと、わしゃ困るんよ」

「誰れ。おお、善君か。ほんとに久しぶり。又、どうして、急にそうなったんだ」

「そりゃあ、クラス会の日に話すから。今、有志で一杯やりよるん。わしゃ怒られ叩かれてばっかり、先生は苦手なん。でも、みんなは、お前が一番可愛がられたから、電話せいて。酒をぎょうさん用意しとくけん、泊まるつもりで来て。泊まってほしいもんが、わしを入れてのりちゃんに健ちゃんと三人おるけん」

「分かったよ。今年は帰らないから、是非、出席させてもらうよ」

「他んもんも、代わりたいと言ってるが、先生に可愛がられなかった者はえいよね」

――十七・八年も前、酒を飲めるようになったと、初めてのクラス会。酔った勢い

「よし来るか。来たい者はみんな来い」と。

午前〇時前、東洋工業に勤め、夜勤はあるが、私の二倍以上の給料を取る男の車で、長屋に到着。四畳半の台所と六畳二間に、男女二十数人押しかけ、大騒ぎ。「先生、先生……」の大声で隣人に「先生」と知られる。――

五十二人中三十四・五人出席。沖縄、神戸、福山などから四十もつれの元少年少女、初老の元新任担任が、たちまちタイムスリップ。

「初めての授業の時、黒板に書いた『お母さん』の字が斜め。あがっていたでしょう」

「自分を、『先生』とは絶対言わなかったよねぇ。恥ずかしかったんかねえ」

「初めての男の先生だし、背は高いし、一寸怖い感じだったのに、言葉遣いが女の人のようで、なんか変なかったよね」

「でも、説明文の場合は、筆者、要旨と言うとか、難しいことを言っていたでしょう」

「……………」

「体育の時間はいつも男子とソフトボール。女子にはフットをしとけって、ほっとかれてばかりだったよね。」

「何言いよる、遊び時間にゃ先生にひっついて。誰じゃった、先生の膝の上に座ったりしたもんは」

「いつでも、女子に贔屓して、怒られたり叩かれたことはなかったろう。女子が悪いのに、男子がぶっ叩かれたんで」

「先生、善ちゃん達男子と掃除時間に、箒ギターでオタマジャクシはカエルの子、ナマズの孫では……とやってて、校長先生に見つかって怒られたことを覚えてる」

「……………」

「白いワイシャツは初め頃だけ、参観日でないと、黒いワイシャツに、赤いネクタイ。『遊び人みたいな格好をして、変な先生』て、母がよく言っていたけ」

「眼鏡に何かサングラスみたい物をつけて」

「家庭訪問の時、母が宿題をだしてほしいと言っても、勉強は学校ですればいい。家の手伝いをしっかりさせて下さいて、私らの味方になってくれるし……」

「授業中の冗談に大笑いしたね」

「冗談といえば、どこに住んでると聞いたら広島の橋の下て言ってたでしょう」

「私たちにはいい先生なのに、母親には人気がなかったね。多分、今だったら担任をかえてと言って騒いでいたかも」

「そのへんでええじゃろう。先生に会いたいというたもんは、どうしてか話そうや」

「この前、子供の参観日に何人かが会ったんよ。そしたら、ごそごそして先生の話を聞かんのに、知らん顔をしているんよ。昔の先生より年を取っているのに。そのとき先生のことを思いだしたん」

「手悪さを見つけると、行儀の悪い手だと、手を叩いたでしょう」

「机に肘を突いていると、『ぼくは立っているのに、その姿勢はなんだ』と怒られたよなあ」

「私らの時は勉強時間は厳しかったもん。うちの子の先生に、私らの先生みたいになってと。そしたら先生に会いたくなったんよね……」

「怒られたり、叩かれたりしたけど、正直、それが、なんか今になってみると、先生が懐かしゅうて。お世辞じゃないよ、本気で言うとるんよ。先生はどうしてるんじゃろうか、クラス会をしようやとなったん」

「参観がすんで、みんながクラス会をしょうやと、すぐにまとまったん」

「嬉しいなあ、本当に、ありがとう」

「話はここまで。先生も、今はわしらの同級生みたいなもんや。先生、飲もうで」

「先生。あの頃とひとつも変わってない。まだ若いよ。今日は泊まるんでしょう。みんなで抱えて行くから、飲んで」

調子の良いお世辞に、またも度を過ごす。

数日後、女の子から手紙、

「先生、いくら飲まれてもいいんですよ。でも、もうそろそろお年のことを考えなくてはおかしいですよ。体をこわされると、この次のクラス会にも来れなくなりますよ。ご自重下さい」と。

十四、Tさんのメール

水　登　安　子

ある山村の小学校に勤務していた頃のことです。当時、その地域は学校に対してとても協力的であり、人を疑うことを知らない純朴な子ども達ばかりでした。三学期に入ると学習発表会の練習や準備があります。一年生の担任だった私は、イギリスの民話劇「三びきの子ぶた」を選びました。子ども達は劇の話をすると一斉に顔を輝かせ期待感あふれる眼差しを私に向けてくるのです。学習発表会は地域の期待でもあったのです。読み合わせ、立ち稽古と進んでくる頃には、印刷して渡した脚本もよれよれになり、台詞もいつの間にか子ども達は空で言えるようになっていました。


ところが、おおぶた、ちゅうぶたは順調にできるのに、ちいぶたのT子ちゃんが、どうしても間違えるのです。

「ねえ、どんないえをつくろうか。」

「そうねえ。れんがのおうちがいいわ。」

そのくだりで、ちいぶたは「れんがのいえ」でなくてはいけないのに、すぐに、

「そうねえ。わらのおうちがいいわ。」

と言ってしまうのです。すると次の子どもの
「うん。がんじょうだし、おおかみがきてもへいきだもんね。」

という台詞が言えなくなるのです。

　T子ちゃんは皆に咎められて言い直します。そうして、ようやくつながっていくのですが、次の練習の時もまた、

「そうねえ。わらのおうちがいいわ。」

と言ってしまうのです。

「あーあ。またまちがえた。」

「れんがのおうちでしょ。T子ちゃん。」

　周囲の子ども達の声がとぶ中、T子は半べそのの小さい声で言い直したものです。藁か木か煉瓦か、どれがどれやら分からなくなるのでしょうか。なぜ間違うのか私にも最後まで分かりませんでした。

　T子は、てきぱきとした言動をとる方ではなく、おっとりとして小柄なおとなしい子でした。家では妹思いの優しいお姉さんだったようです。

　学習発表会が近づいてきても、T子はやっぱり「わらのおうち」と言ってしまいます。周囲の子どもたちが、

「また、まちがうで。まちがうで。」

「あっ、やっぱりいうた。」

といった調子でなかなか覚えられません。私は、T子と根比べのつもりで毎回言い直させていました。時には運よく「れんがのおうち」が言えることもありましたが、殆ど「わらのおうち」と言っていました。「わらのおうち」が思わず口をついて出てくる、といった感じでした。

　さて、当日は雪のちらつく寒い日でした。会場はいっぱいで家庭からは、座布団、毛布、灯油のストーブまで持参して、子や孫の晴舞台を見ようと、沢山の方々が来られました。子ども達も緊張

していたのですが、それ以上に私の方が緊張していたような記憶があります。さあ、T子はどうだろう。私は舞台の斜め下、ピアノの陰にいました。

「ねえ、どんないえをつくろうか。」

「そうねえ。わらのおうちがいいわ。」

あっ、まずい！　舞台の上の子ども達の動きが止まった。

「ちがうで。」小声で何か言っている。「れんがのおうちよ。」

「早くゆわんとー。」

T子はだまってうつむいている。

「れんがのおうち」と言ったが通じない。私も小声でざわめいている。私は舞台の下中央へ腰をかがめて行き、少し大きい声で、

「そうねえ。れんがのおうちがいいわ。」

と言った。するとようやくT子は言い直しができ、その後はスムーズに劇が進んでめでたく幕がおりたのです。支度部屋に帰ると子ども達はほっとした様子でした。私も緊張がほぐれ、T子のことには何もふれず、

「みんな、よくやったね。」

と言いながら、子ども達を労ってやりました。上級生たちも、一年生の子ども等に、

「かわいーい。」「よかったよ。」

と声をかけていました。どの子の顔も充実感と達成感に満ちていました。親と子と教師の共感が芽生えた時だと思っています。後日、T子は日記の中に、

「『そうね。わらのおうちがいいわ。』とまちがえていったとき、はずかしかったです。なきそうになりました。でもみんながおしえてくれて、いえたのでよかったです。」

と書いていました。

あれからすでに十年以上たっています。T子からここ数年、年賀状が届いています。高校受験への不安を訴えていたかと思えば、早や卒業だと書いて、

「花さそふ嵐の庭の雪ならでふりゆくものはわが身なりけり（入道前太政大臣）」

と添えていたり、

「いろいろあっても健康が一番です。先生も体には気をつけて下さい。」

と大人っぽく書いたりしています。今では立場が逆転して私の方が励まされています。私がパソコンを勉強していて、メールが出来るようになったと書くと彼女はすかさず、

「先生はパソコンの勉強をしているそうですね。先生がパソコンを扱えるとはさすが！と驚きました。私の家にもパソコンがあるので是非メール交換して下さい。アドレスは○○です。気がむいたらメール下さい。」

と書いていました。私は胸をおどらせながら、

「早速メールを送っています。うまく届くかな？」

　ところで先日は、すっかり大きくなったT子ちゃんに出会って驚きました。またお会いできる日を楽しみにしています。」

という文面で送信しました。

　三日めの夜、受信トレイに彼女の名前を見つけました。

「先生へ☆初メールです」開いてみると、

「メール、ちゃんと届きました。先生は相変わらず勉強熱心で、私が先生に怒られていた小学校時代から、ちっともお変わりないように思い安心しています。新しいことをどんどん吸収することは無駄にならないし、いいことですよね。先生の年賀状にあった『人生無駄なし』という言葉は、今の私にとてもよく当てはまると思います。因みに私はあまり大きくなってないのですが、次に先生にお会いする時までには数センチ大きくなっているといいなと思います。勿論、心身ともにが理想ですけど……。」

彼女のメールはあと四、五行で終わっていました。私は彼女の成長ぶりに唖然としました。十年余り

の教育が、人をここまで変えるのかと驚きました。今の彼女を当時、藁と煉瓦を間違えていたT子だとは、とても思えないのです。私は今昔の感しきりでした。

ところで先日、私はある会報で次のような引用文を目にしました。

「広島国際大学の久次弘子助教授は、中国新聞の『緑地帯』の中で、学校から『学芸会』がいつの間にかなくなり、国語の教科書から戯曲も消えた。もしかしたら人間関係がうまく結べない若者たちが増えていることも、このあたりに原因がありはしないだろうか。と書いておられます。」

という文章です。劇をやればよいというのではありません。劇を仕上げるという目標に向かって皆が心を一つにして協力しながらやることに意義があると思うのです。前記のT子の場合も友達の声かけがあり、支えがあったからこそ最後までやりとおすことが出来たのではないでしょうか。体が触れ合い心が触れ合う中で人が人として成長していくのだと思います。一人ひとりがバラバラで、てんでにやっていたのでは、一つの目標に到達することは出来ません。人と人とのつながりが希薄であるといわれている今、教育は勿論、社会全体が、国全体が考えるべき時にきているように思われてなりません。

十五、素晴らしき出会い

井西敏恵

おばあちゃんの五十円玉
おばあちゃんから／五十円玉を　もらった／
ぼくは、／ポケットの中に　入れた　お店に
行って／買おうとしたら／五十円玉が　あたた
かかった／ぼくは／買うのを　やめた

T「どうして買うのをやめたのでしょう。」
C1「つかうのがおしくなって、ずっと持っていたかった。」
C2「どうしておしくなったんだろう。ぼくならすぐつかうのに。」
C1「あたたかくて気持ちよかったから。」
C3「ぼくは少しちがう。おばあちゃんを思い出したから。」
C4「私もそう思う。つかってしまったら何も残らないような気がして　さびしくなったのではないか。」
C5「おばあちゃんのあたたかい気持ちが伝わってきたのでは……。」
C6「ぼくも同じ、五十円玉におばあちゃんの心が入っていると思ったんだろう。」
C7「私はちょっとちがうところがある。本当にあたたかかったのは、五十円玉をくれたおばあちゃんの心だと思う。」
C8「ぼくはみんなの意見を聞いていて気持ちが変わってきた。本当は手のあたたかさが五十円玉にうつって五十円玉があたたかくなったのだけど、そういうふうに思わずに、おばあちゃんの心が五十円玉に入ってあたたかく感じたと思うことのできる〝ぼく〟は、気持ちのやさしい子どもだと思う。」

（63・11・28）

これは、十四年前、私が梅林小学校で二年生を担任していたときの授業記録である。

高学年を担任することの多かった私が、十余年振りに一年生を任され、引き続き二年生へと持ち上がった。この四十人の子どもたちとの出会いは、その後の私の教師としての生き方を大きく変えることになるのである。

学級開きの日、「楽しい学級づくり」を目標として提示した。〝楽しい〟とは何か、それは、お互いの変化を感じとること、と認識して出発したはずだったが成果が現れない。それは、私の中に埋没している、小学一年生を相手に、教師として出来上がった大人がどう変化することができるのか、という思い上がった考え方にすべての原因があるとやがて子どもたちから教えられることになる。虚勢を張らず、人間らしく修正発展させようと努力する自分になろう。そしてその姿を子どもたちに見てもらおうと決心させられたのである。

また、〝低学年だからこの辺まで〟と固定化した考え方は成り立たないということに確信がもてたことも、この子どもたちとの出会いがもたらしてくれたことであった。低学年でも事実をしっかり受けとめさせ、考える場を保障すれば、正しく物事を見ていく目が育ち、深く考える力も身につくということを、四十一人でのかかわりの中で教えられたのである。

「お母さんから、『井西先生は、今年定年退職される』と、聞いたので……。」と、昨年三月初め、女子大生二人が、緑井小学校の校長室を訪ねてくれた。彼女たちは、冒頭の授業記録に登場している中の二人であると顔を見た瞬間認識できた。

当時の思い出、自分たちのこれからのこと、友人たちの近況等語り会った後、二人のうちのどちらかがこう言ったのである。

「もう一度、先生と二年一組のみんなで詩の授業してみたい。」

この一言は、その後どれだけの人からかけられたであろう退任を労う言葉のどれよりも、重みのある言葉として、一年経った今も耳の底に残っている。そして折にふれ彼女の言葉を反すうしているのである。「本当に実現できたら楽しいだろうな。」と、夢のようなことを思い描きながら――。

第20回全国小学校国語教育研究大会
（皆実小学校）　　　　中国新聞より

第二章　今こうして私があるのも

一、忘れ得ぬ言葉

高田　亘

いつの間にか古希を越えてしまった。ふと過去をふりかえって見ると、歳月を経るにつれてますます新鮮にしかもより深く心に沁みる言葉が思い出されてくる。

その言葉によって自分の一生を左右したと思われる事柄もある。その言葉から、その人の表情や仕草が浮かび上がり、もう逢うことのできない先達や恩師に再び逢う気持ちになる。

忘れることのできない言葉は、私にとってそれがそのまま人生の節目になっている。数多くの言葉が去来するが、その中で国語教師の道に誘ってくれた言葉を書き留めて置きたい。

二人ともすでに半世紀前に死別したが、私が生きている限りこの世の中に生き続けているからである。

教師になろうと、決意したのは昭和二十年三月の末日のことであった。そのころ、私は鹿児島県鹿屋飛行場のはずれにある小高い丘の松林の中の兵舎に隠れていた。

この丘を四、五十メートルほど谷に下るとそこに湧き水があり、それが飲み水になっていた。その日、秋山分隊士は私に水汲みを命じられ、そのあと

「水汲みの相手は自分が行く。」

と言われた。分隊士は小隊長を兼ね、海軍中尉で予科練習生の教官でもあった。

湧き水を桶にはると、そのそばにある岩に腰掛け、軍服から二冊の本を取出された。

「これはお前だけに言い残す言葉だから、よく聞いてほしい。俺は、日本は敗けると思う。そのことは、京都大学の学生の時から胸の中に秘めてき

た。あまりにも経済の規模が違い過ぎる。大和魂だけでは戦いには勝てないんだ。だが、それを誰にもいわなかった。明日、俺は特攻隊に志願し戦場に行く。俺の形見として①『高村光太郎詩集』と②『歎異抄』を渡すから、新しい日本を建設するとき、考えるよすがにしてほしい。新しい日本は教育によって作られると思う。そう信じている。」

秋山分隊士は、そのあと静かに「道程」を読まれた。今でもその詩を暗誦できる。

道程

僕の前に道はない
僕の後ろに道は出来る
ああ、自然よ
父よ
僕を一人立ちにさせた広大な父よ
僕から目を離さないで守る事をせよ
常に父の気魄を僕に充たせよ
この遠い道程のため
この遠い道程のため

その日の夕方、予科練習生全員に集合がかかった。

「祖国を守るために、特攻隊員となって、沖縄に出動する。お前らも、やがて俺のあとに続け。」

澄んだ瞳の底からは、敗けると知りながらも、死におもむく覚悟がひしひしと伝わってきた。私はその夜一睡もしなかった。分隊士の言葉を繰り返し想い浮かべながら、私もついていきたかった。毛布に顔を埋め涙を拭ったが、止めることはできなかった。明け方、もし生きて帰ることができたなら、新しい日本を作るために教師の道に着こうと決意し、ようやく心が落着いた。この形見の二冊の本は敗戦の日、すべての書類と共に焼却させられたが、心の中の書は、いつまでも生き続けそれからの人生の支えとなった。

　昭和二十年八月二十三日除隊となり、帰還した。師範学校に編入したかったが、被爆のあとで、手続きは不可能であった。そこで、通学が可能な県立西条農業高等学校林科に編入した。

　昭和二十三年四月一日、郷里の賀茂郡黒瀬町下黒瀬中学校講師として、国語科担当になった。新制中学校発足当時は、校舎もなくて小学校を間借りして、午前中は授業、午後は新校舎建築の造成地の整備作業を毎日した。

　その中でも、研究授業をしようと言う気運が起こり、指導者を招聘することになり、広島大学文学部助教授真川淳先生が来校されたが、山奥の中学校にそれから二度にわたって指導に来てくださった。

　先生は実地授業で、夏目漱石の「吾輩は猫である」の一部分を教材にされ、

「皆さんの家にいる猫と、この中にいる猫とどこがちがっていますか。」

と発問された。生徒は口々に
「人間を見くびっている猫だ。」とか
「偉そうな猫だ。」

など、楽しそうに授業の中に入っていった。

　ある生徒が、

「先生、この猫は考える猫ではないですか。」

と言った。

「そうだね。考える猫だね。」

　それを受けて、

「この猫は人間とか、世の中とかを、どのように見ているかね。」

と、「考える猫」の「考える」を中心に、見事な授業を進められた。

　私は先生から、国語教師のあるべき姿を学んだ。

また、その夜、宿直室で次のような講話をされた。

「近ごろ学校では文学教育だけでなく音声教育をも重んじるようになったが、さらに一歩進めて顔

の教育まで及んでほしい。先ず顔の教育から入り、次に『聞く、話す』の声の教育へ、そして『読む、書く』の文学教育と進むべきである。そのことを端的に教えている言葉が昔から安芸の国に伝わっている。『一顔、二声、三学問』という言葉で、これは安芸門徒に仏法を説いて歩いた人達の多年の経験から生まれた言葉である。お説教を聞きに来る人達の多くは、たいてい話す人の顔を見て座っているだけで安心している。耳を傾けて聞いている人は割合に少なく、本当に内容がわかって聞いている人はほとんどいないという意味である。『門徒の物知らず』を皮肉ったようにも聞こえるが、理解力の発達段階を鋭く指摘すると同時に話術のコツをも暗示する寸鉄語である。特に『一顔』というところに妙味がある。つまり人間と人間との結びつきは、まず顔からなのである。」

このあと、仏典の「和顔愛語」のこと、人との接し方などを具体的に話され、「しんみりと顔をみつめ合った時、お互いの命がしみじみと触れ合い、生命と生命とのあたたかい結びつきによって、本当の力が生まれてくる。」と言われた。

このことは、教師の基本的態度として終生忘れることのできない言葉となった。

文献

①「高村光太郎詩集」岩波書店

②「歎異抄」金子大栄校訂　岩波書店

二、二人の大先達に

芳賀　淳

昨年末のこと、私とともに一年も絵手紙の勉強を続けておられるご年輩の方から、

「失礼ですが、先生は神石の方ではございませんか、ご名字は広島ではあまり伺いませんが、神石では耳にしたことがあるのです。若しか、先生は油木小学校にお勤めではありませんでしたか。」

と、尋ねられ、妙に五十年もの昔の悪事でも暴かれたような思いがした。

「よくご存じで、随分と昔、僅かな間お世話になりました。どうしてまたそれを……。」

とお伺いしたところ、

「それが、私もそのころ油木町に疎開していて、二年生の三学期急に隣の学級の先生が入院され、代わりに若い先生が来られたのです。その先生が芳賀先生と言われていたのを思い出したのです。何回か私たちの学級の授業を先生にしていただいたり、教頭先生にも一緒に見ていただいたり、授業もプリントでしていただいて、その中には『小人……』何とかという詩もあったようにも覚えているのです。私たちの先生のことなど少しも覚えていないのに不思議なのです。」

「そういう、あなたは若しや藤井さんでは。」

そんな話の中から、当時へ思いは巡り、藤井さんたちのこと、隣の学級を借りて授業研究をしたこと、教頭先生に指導授業をお願いしたこと、何枚かのプリント、詩の「小人たち」も甦り、国語へと道連れていただいた先生に寄せる思いのお話をいただいた。

昭和二十二年十月、油木小学校は広島県実験学校の指定を受け、そのため翌年二月二十五日、公開研究会を開くことが組まれていた。

ところが、前任者が長期療養となったのでどういう事情かは承知しないが、十二月末日付の転任となったのである。

赴任した日、挨拶もそこそこのところ、教頭先生から、

「芳賀さん、取り急いでお願いですが、二年生の担任と二月二十五日が研究会なので、二年生の国語の授業をお願いする。研究会はまだ先のことだが、心組みをしておいて。」

という主旨のお話をいただいたように思う。

当時の教頭先生は、後に三原市の教育長を最後にご退任になられた沖津祥徳先生である。

研究会当日が国語の授業というので、何回か授業についての指導をお願いし、若い教員組織でもあったためか、先生も自らプリント教材で授業実践を通して、特に「子どもをしっかりみつめて、ことばを大事にして」と繰り返し言われていた。

「小人たち」もそのための教材であったと思う。

「小人たち」(三年　山口直人)

土をかぶって／しもばしらが／せいたかをして出た／お日さまが／ギラ・ギラあたったので／水の中の小人たちは／とびだした

やっと見つけた一枚のプリント、授業についての印象はないが、「ギラ・ギラ」と「小人たち」と言われていたことが何故か耳にある。

たぶん、ここではこのことばをとらえさせてとの思いであって、藤井さんの耳にも残っていたのではと思う。

研究会当日は、教科書教材「一つの　ものでも」という説明の文の読みとりを扱ったように思うが、なぜか題材だけしか頭に残っていない。授業展開の中で、自分が書いた文章を読ませてほしいとにぎわった印象がある。

散会後、教頭先生に

「芳賀さん、子どもがよう活動するようになった。たった二月でよう書くようにもなってよかった。」

というような話で子どもたちを認め、続けて「国語というのは、地味なようでも力がついただけ外に見えるもの、力をつけるには、ことばを大切にすること。ことばを大切にすることは心を大事にすること、ことばを大事にすると、そのことばは心に生きるものである。」

更に、その後、ひとりごとのように、続けてこれまでやって来たように続けてやっていこうという意味の、思ってもいなかった励ましと、おさそいをいただいた。この「続けてやっていこう。」のお話は、今日にしてなお耳にひびいて来る。

多分、この研究会を目前にして転任して来たこの若者に、あまり恥をかかせてはと、思い入れて格段のご指導をいただき、やっと、研究会が終わって、終わったを機にこのままで終わらせたら、国語について何の心得もない者がと思われて精一杯の激励をいただいたのだと今にしてふり返っている。

「有難うございました。本当にこの二か月お世話になりました。これからも、どうぞお願いいたします。これまでのように是非ともお願いします。」と、お礼やお願いをしたように思う。それは、「続けてやろう。」と言っていただいたことが非常に感慨深く思い出せるからである。

教頭先生は、その年四月、校長にご昇任で転任されたが、離任に当たって、

「今までやって来たことに加えて、作文も始めよう、作文こそことばの力がつく。」

と方向づけをいただいた。第二回公開研究会に向けての校内研究を進める中で、再三ご講師にお迎えし、作文指導も加えて翌年二月、第二回の研究会を開くことができた。

そのころから、郡内にも国語研究の機運が高まり、研究会後、同好会の組織立てがなされ、各地からの意欲的な作文教育情報にも刺激されて、先ず活動の手始めに「児童の作文研究」に取り組ま

れることとなった。

作文指導についての講座も組まれ、それを受けて翌年、各自自分の学級の作品を持ち寄り、合評会のような会合で沖津先生のご指導も受け、作品の見方、指導の仕方まで話し合い、その冬には、県教委の末田克己先生をお招きして、「国語の指導要領について」のご講演を学校としてお願いした。

それがご縁で、三年次、文集作りをと編集委員の手元で選んだ作品を末田先生に指導評をお願いして、ようやく「神石郡小学校児童文集　第一集『かくれんぼ』」の発行の運びとなった。それは、同好会の組織立てができてから四年目の夏のことである。

末田先生からは、児童作品個々に亘っての作品評と巻末には学年毎に選評をいただいている。次にその一作品例を紹介する。

かくれんぼ

一ねん　おか　こうぞう

かくれんぼを　しました。
こうぞうちゃんが　おにです。
ぼくは　すみだわらのかげに
かくれました。
なんだ　そこには
あっちゃんが　かくれています。
ぼくは　小さいこえで
「あっちゃん」といいました。
「こうちゃん」と
あっちゃんが　いいました。
ふたりは　わらいました。
あっちゃんは
でていきました。

(評)いい作品ですね。「なんだ　そこには、あっちゃんが　かくれています。」の「なんだ」ということばなど、なかなかつかえないことばですが、うまくこの詩の中につかいこなしてあります。「ぼくは　小さいこえで『あっちゃん』といいました。『こうちゃん』と、あっちゃんが　いいました。」のところの「小さいこえで」ということばも、よくきいています。「ふたりは　わらいました。」の情景もほおえましいし「あっちゃんは　でていきました。」と、さいごを切ったのも詩としてふさわしいものです。出ていったときの、二人の気もちも　わかるようです。

（巻末の選評　一年生）

いい作品をぬき出すことはやめて、全部に評を書いてみました。これは、私たちが作文の指導をする場合に、いい作品が問題であるよりは、むしろ、あまりできのよくない作品の方がより一そう重要であるように思ったからです。（後略）

このような「かくれんぼ」の評を読めば、作者の「こうぞうくん」にも詩の出来具合がよくわかるし、どんな書きぶりが詩としていいのかも分かってもらえて、次の作品への意欲もわいてくるものと思う。

児童の作品と、どう向き合えばいいのか、児童の思いはどんなふうにとらえればいいのか、ことばを大事にするということは、作品を大事にすることとは、作詩指導は、等という指導者への大事な指針をこのただ一作品への二つの評からだけでも示していただいている。

この一作品にとどまらず掲載された八十点の全作品に、時には児童に語りかけ、時には指導者と対話するよう評を入れ適切な指導をいただいている。あたかも、平易な作文指導の解説書をいただいた趣を感じている。

この文集を末田先生にお送りした折、いただいた手紙に「『かくれんぼ』の発刊おめでとうございます。ことばを大事にする子どもが育っています。地についた活動をお続け下さい。」と寄せていただいた。

沖津先生から、ことばをだいじにして、一緒にやろう。末田先生からは、郡文集の中でことばを大事にする子どもを育てるために地道にと励まして戴いた。私の国語入門期にこの大先達にお引き合わせをいただき、この道を生きることを学ばせていただいた幸せを思う。

三、出会いの不思議

中村誠延

日本敗戦の前年の昭和十九年、国民学校二年生の私は、山口県大島郡の小さな村に縁故疎開をしていた。私はそこで一人の老先生に出会った。二年後疎開先から引き上げたが、以来ずっと私の心の片隅に、あの老先生は一体誰なのだろうかという思いが、残り続けていた。それから四十年近くの後の或る日、その老先生が、芦田恵之助先生であったと知った時、私は驚きと興奮で身体が震えるのを覚えた。

この不思議な出会いは、私一人の心の財産でしかないのだが、本誌を借りて記録に残させていただくことにした。

太平洋戦争も敗色濃くなり、各都市が爆撃を受けるようになり、私の住む北九州も危ないということで、私の家族は遠縁を頼って、山口県大島郡油良という半農半漁の小さな村に疎開をした。疎開先の学校は複式で、児童も八十名に満たないものであった。

　そのような村の学校に、農閑期の頃になると、一人の老先生が来られて、学校の側にある宿舎で冬を過ごしておられた。老先生は、高学年に授業をしたり、夜には村の小学生たちを集めてお話をしてくださったりしていた。先生は和紙を綴じた小さな手帳を常に持っておられ、その手帳をめくっては話をしておられた。確か、忠臣蔵の話であったように記憶をしている。集まった子どもたちは、火鉢に手をかざしながら、静かに聞き入っていた。

　戦争が終わり、私たち家族は北九州に帰ったのだが、あの時に出会った老先生は、一体誰だったのだろうかという思いは、その後、教員になってからも、ずっと心の片隅にあった。

　老先生のお顔は全く記憶にないのだが、いつもきちんと和服を着て、正座をされて話される姿と、和服の袖口からのぞいている白い下着のシャツが印象にあった。


　その後、私は広島市立小学校の教員になっていた。教員になって、二十四、五年目のことだと思うが、芦田恵之助研究会が発足した。（当時代表榎野譲基町小学校長、現代表吉永正憲元東浄小学校長）そこで、『綴方十二ケ月』（芦田恵之助著、大正六～八年）の輪読会が始められた。『綴方十二ケ月』は、芦田恵之助先生が子ども向けのための読み物として発刊されたものであり、鈴木三重吉氏の『赤い鳥』（大正七年創刊）に先んじた児童文学書であった。その中には、里川先生と四名の児童、その親たちが登場し、里川先生を囲んで文章について語ったり、生活について語ったりする内容のものである。

　この輪読会が進むにつれて、『綴方十二ケ月』の中で開かれている「二葉会」の様子が、「疎開先で経験した、あの夜のお話会の様子と、何とよく似ているなあ。」という思いが強くなっていった。

　ある日、この会をご指導されておられる野地潤家先生（当時広島大学教授）が、芦田先生が使用しておられた手帳を見せてくださるということで、私も広島大学国語研究室へ出掛けて行った。そこで目にしたのは、まぎれもなく、私が小学校二、三年生の頃、疎開先で出会った老先生が持っておられた、見覚えのある手帳だったのである。私は極度の興奮と感動を持って数冊の手帳に見入った。そして、その中の一冊には、忠臣蔵の概略と数名の義士の名が書かれていた。

あの日の老先生こそ、芦田恵之助先生その人であった。

慌てて帰宅した私は、私たち姉弟に、当時書いてくださった書き物を机の引き出しの奥から出して見た。その書き物には、『一生を通じて強く育ち正しく生きたまふべしこれぞ即ち忠にしてまた孝なり　恵雨』と書かれていた。

この村に芦田先生が訪れるようになったのは、当時の油良小学校校長河井登一先生が、青年教師の時代から、芦田先生に師事したことによるものだった。

「昭和八年七月号の『同志同行』に、岐阜県高山における夏季国語教育研究会の広告がのせられていた。七月二十二、三、四の三日間、垣内先生のご郷里高山において、国語教育界における理論と実践それぞれの第一人者たる垣内・芦田両先生を中心にして、正しき軌道と無限の力を得たいとの目的のもとに、飛騨教育会の企画したものであった。私はただちに参加の申し込みをした。（自伝ふる里の土　河井登一）」

後年、油良小学校の校長になっていた河井先生は、芦田先生をこの小学校に何度も招かれるのである。

「運動場の上隣りの久保さんの家は、歴代校長の宿になっていた。家の造りは書院床となっていて、当時の田舎にはめずらしい凝った造りであった。（途中略）私は、老師のために借り入れておいた久保さんの家に、何とか名がほしくなったので、その命名をお願いしておいた。ある日、よくふくれた一通の封書が来た。あけてびっくりした。画仙紙に墨痕あざやかに『全人庵』と書いてあった。（途中略）老師は、一週に二、三回の予定で、忠臣蔵の話をなさることになった。原本は、福本日南の元禄快挙録であった。（自伝ふる里の土　河井登一）」

私は教員になってからも、何度も芦田先生の著書を手にしたのだが、全く気付かずに過ごした自分の不勉強を悔いた。当時一緒に疎開していた六年生の姉は、直接芦田先生の授業を受け、芦田先生をよく覚えていたようだが、恵之助の名までは覚えておらず、私の書棚の著書を見ても同一人物とは思わなかったようだ。

私は、四十年近く心にかかっていた老先生に、再び出会えた喜びもさることながら、『綴方十二ケ月』に書かれていることは、芦田先生の実践そのものであったこと、そして、言動の一致した優れた実践者であったことを改めて認識したのである。

そして、今一つ、情報も交通も今のように十分でない時代に、青年教師河井登一先生が、『同志同行』の中の案内を見て、教えを請うて、高山へ行き、終生芦田先生を師とし、また、半農半漁の小さな村の小学校に、先生を招いて学ばれた求道の姿に、心打たれるのである。

さて、こうした芦田先生との再会のきっかけとなったのは、先に述べた芦田恵之助研究会を指導されておられた、野地潤家先生（元鳴門教育大学学長）のお陰である。

私が野地先生にお目にかかり、研究室に出入りさせていただくようになったのは、昭和三十七年、「野口英世」の伝記の研究会に、先輩の声掛けで参加させていただくようになったからである。この出発点がなかったら、芦田先生との再会もなかったかも知れない。以来三十六年、月一回の研究例会は、一日も休むことなく続いた。この間、『「野口英世」伝の研究－読書指導のための基礎作業』（明治図書、昭和四十七年刊、野地潤家編）、『読書指導相談事典』（共文社、昭和五十三年、野地潤家編）、『戦後作文教育文献解題－昭和二十年代、三十年代－』（渓水社、平成十一年、野地潤家編）に、研究の成果を発表した。中でも、『戦後作文教育文献解題』は、出版までに実に二十年近くを経過している。この研究は私のような浅学非才の者には、あまりに深遠かつ広大で、今居る位置も先も全く見え来ず、月一回の報告会にも仲間の報告の陰にかくれているようなことが度々であった。

しかし、野地先生は、私たちの明らかに怠慢と思えるような遅々とした仕事振りにも、一度も叱責されることはなかった。そして、今進めている研究の目標や値打ち、研究者としての姿勢を説き続けられたのである。

私は、人の出会いのご縁、その不思議さを強く感じるのである。そして、その出会いを大切にしたいと思うのである。

終わりに、野地先生にご指導をいただき、苦労を共にして『戦後作文教育文献解題』をまとめ上げた共同研究同志の名を記しておきたい。

阿川淳信・生信勇荘・市河睦清・榎野譲・梶矢文昭・加藤貢・神田和正・佐藤陽祐・高田亘・中村誠延・藤井秀昭・細井迪・増田義法・松野脩輔・三浦徳光（敬称略）

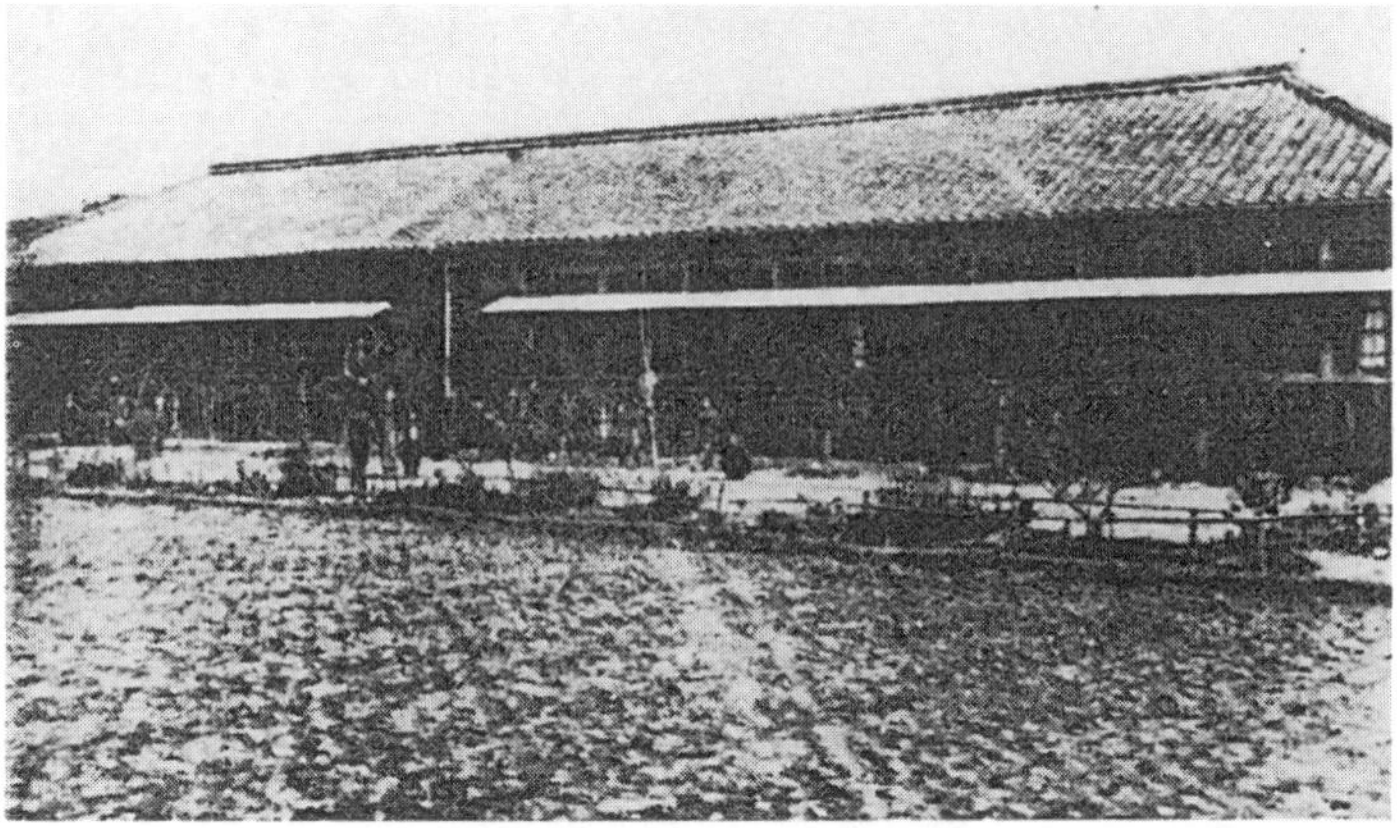

油良小学校旧校舎全景

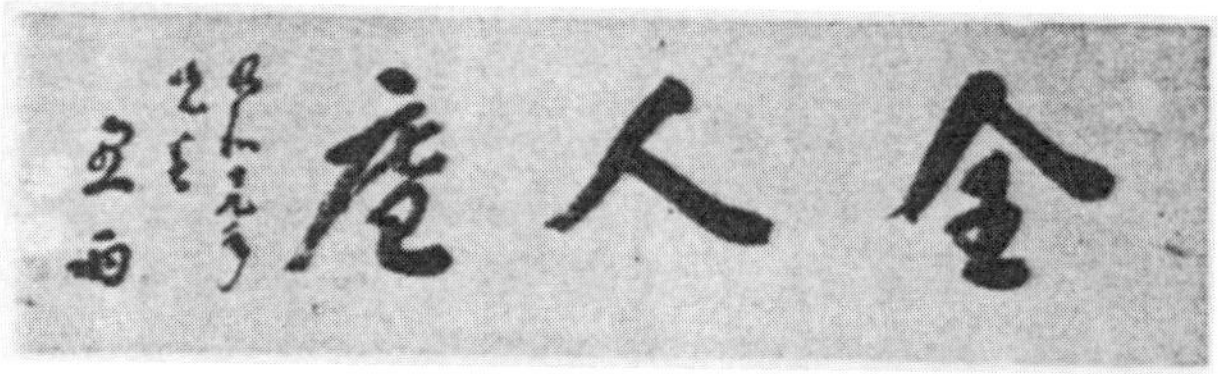

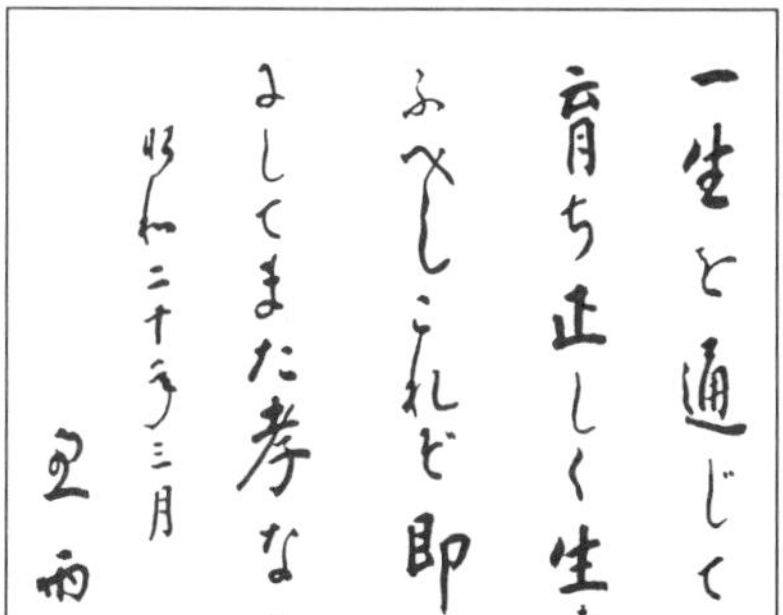
一生を通じて強く
育ち正しく生きたま
ふべしこれぞ即ち忠

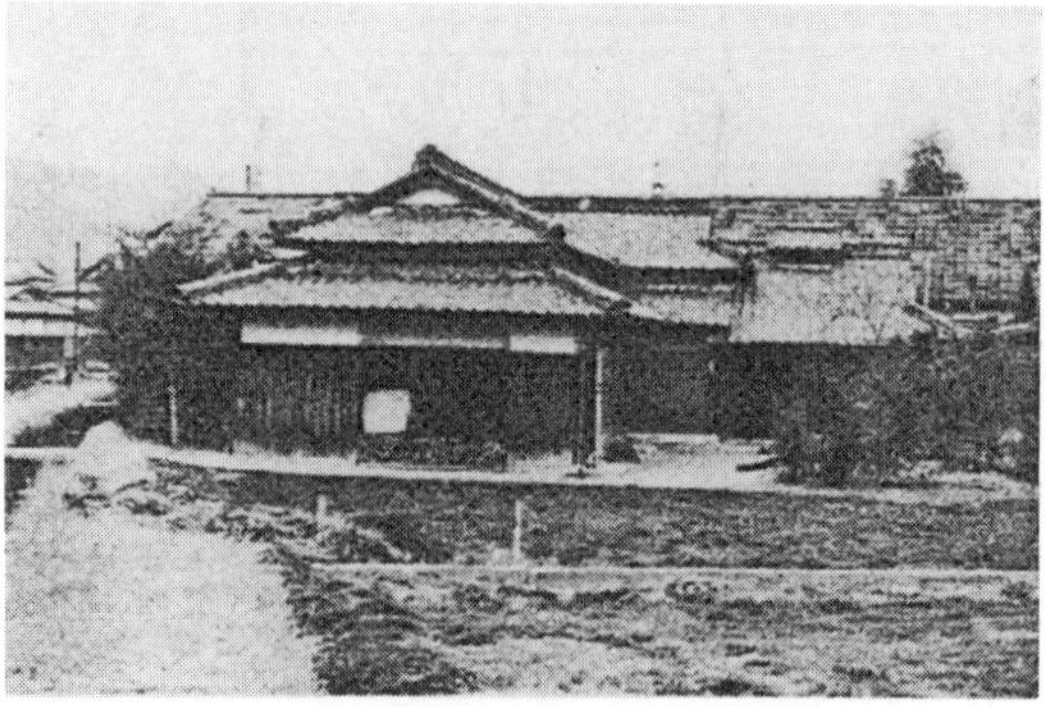

当時の全人庵（久保久男氏邸）

四、凜として

野路　みちえ

子どもの作文、担任と親との回覧ノート等々宝物として大事にしまっているものが沢山あるが、私をして国語を好きにして下さったのはやはりこの先生の授業を受けたということである。新庄学園の恩師宮庄みつよ先生である。

先生は新しい課に入る前に決まって前日予め読んでくるようにと予習を出された。課題は〝古文〟むずかしくて何が何だか全く意味がわからない。翌日国語の時間である。

品の良いお召物に黒の袴、胸を張られ背筋をピンとして教壇に立たれるお姿はおかし難い気品に溢れていた。堂々とした美しい文字で題名を板書された後浪々としたお声で先生の範読が始まる。私達はシーンとして聞き入る。強くそして弱く、速く遅く、間をおかれるのは私達にイメージ化をさせる為であろう。

読み終えられた時全体のアウトラインが浮かんだ。不思議な先生だなあ……、何故一言の文章の説明も解釈もされないのに。

それから題名、作者、その時代についてと次々に授業は進む。私は語句の解釈をノートに写す時間がないので教科書の行間、上欄、下欄に↓を引いては書き込んだ。教科書は真黒になってしまった。先生の授業を受けた教科書は五十八年経た今も私の大切な宝である。

昨年の暮れＯＢの方の美術展が学園で催され、友人四人で見に行った。そこで先生にお目にかかり感激で胸がドキドキ、手を握りながら

「先生、何十年ぶりになりますかしら。」

「まあ、宮本さん、十二年ぶりよね。私の退官式に来てくれたじゃあないの。あの真黒な教科書と

ノートを持って。」
教え子は忘れても先生はこうしてちゃんとご記憶下さっていた。またしても脱帽!!
聞いて頂きたい事が山程ある。私は一気にしゃべった。懐かしさと感謝を込めて。
「先生の範読、私はあれを小学校低学年にずっと使わせてもらいました。物語教材の時机に伏せってもよい、肘杖ついててもよい、好きにして私の読むのを聞いててね。頭のテレビに写しながら聞いてごらん。」
範読後
「出て来た人の中で好きだったのは誰？　書けそうな人はどんなところが好きかな。」
そして単元が終わった時
「好きな人にお手紙あげようね。きっと喜ぶよ。」
第一次感想と二次感想を対比しながら
「こんなにたくさんお手紙が書けるようになってすごいね。えらくなったね。」

と、まあこんな風に先生にお話しすると先生は始終にこにこして話を聞いて下さりほんとうに嬉しかった。間で「ほう。」と相づちしながら。

八十八歳の喜寿をお迎えになったというのにこのお若さ、美智子妃の様に髪をきりっと束ねられ優しさに満ちた笑顔、ころがる様なお声、先生は五十八年、半世紀あまり過ぎているというのにあの頃と少しもお変りになっておられなかった。正に凛としてである。

男性の方も入れ変わり立ち変わり、

「先生、先生。」

と懐かしそうに対話しておられる。聞くともなしに聞いていると、

「あの○○のピッチャー、あれはなかなかいいね。」

八十八歳にして男性との野球談義、このお若さの秘密はいったいどこにあるのだろう。

「このままだったらひょっとして百歳まで生きら

れるかもわからないね、と○○さんが言ってくれたわ。」

と、ころころ笑っておられたのが印象的であった。

平成十四年年頭の賀状にはこの先生との久々の出会いの感激を書いた。

（これから生きていく目標を得させて頂いたと。）

五、回顧――国語人との出会い

阿川淳信

今にして、人生は人との出会いであるとつくづく思う。「人間は考える葦」といわれるが、例外なく私の人生は、出会った多くの方々に感化され、葦のなびく方向を定めていただいた。

転勤族の家庭に育った私は、小学校四回、高校一回の転校を余儀なくされた。最も長い間同じ土地で通学できたのは、小学五年の半ば、縁故疎開で帰った郷里の小学校から、続いて入学した旧制中学三年までの四年半であった。私には、いわゆる〝幼なじみ〟と呼べる人がいない。私が出会った人のほとんどが、その時その場の最適の〝師〟であり友であった。二〜三年もすると、また全く新しい土地の風土や習慣、言葉に至るまで、必死で馴染む努力の連続であった。

昭和二十三年、終戦間もなくの旧制中学二年生頃、私にとって忘れられない思い出がある。

旧制中学の先輩たちには、二十歳半ばの予科練帰りや特攻の生き残りの方が多かった。戦争のために二度と訪れない青春を無為に過ごされたその人たちの不満のはけ口は、専ら私たち数人の、その土地に馴染みのない疎開者いじめであった。毎朝のように、上級生の教室へ呼ばれては、教壇の上で殴られた。学校へいく足が重かった。

ある雨上がりの早朝、それでなくても登校したくない私は、あまり好きでない国語、綴り方の宿題が出来ていなかった。濡れ縁に座って、何となしに中庭の雨に濡れた木々を眺めていた。その時、向かいの屋根の樋の底に水玉がポツンと生まれ、朝日にキラリと輝いてツーッと走り、真ん中辺りでポトッと落ちる、そんな風景が目に入った。ふと、父の書架にあった「……模範文例集」で読んだ、まるで今朝の風景を巧みに表現したごとき一文を思い出した。私は、しめたと、その模範文をほぼ書き写して学校へ持参した。

何日かした国語の時間、故金山哲三先生は、先般提出した作文の中から何名かの生徒の優れた作文を読ませ、綴った折りの感想を発表したりさせた後、批評をされた。最後に思いもかけず、私の提出した盗作の文章を読むよう指示された。後ろめたくおろおろした私は、どんな状態で読んだか全く思い出せないが、恐らく青ざめた顔で、震える小さな声でぼそぼそと読んだことであろう。先生は、「何を参考にしましたか？」と問われた。私は、仕方なく「……模範文例集」を写したことを白状して、みんなの爆笑を浴びた。ところが金山先生は、「美しい情景に感動した君の心がいい、また、このような優れた文章を見付けたことも素晴らしい。」というようなことを話された。私は、恥ずかしさにぼーっとなりながらも、先生の温かさを身にしみて感じた。その後、書店を営んでおられた先生のお宅へ伺い、押入の奥にびっしりと隠された書物（戦時中は思想統制が厳しく、特に外国文学などは持っているだけで目を付けられていたようである。）を見せてもらいながら、いろいろなお話を聞かせていただいたことなど、忘れられない思い出である。

その後、教師を目指し、高校を経て大学へ進んだが、その頃は、国語科よりも社会科に興味があって、最初は、政経学部へ通って受講していた。しかし、大切な民法の単位を落とすなど、継続が困難になったとき、文学部に方向変えをした。

国語科を選択した理由は、教育学部での野地潤家先生の厳しく真剣なご指導に畏敬の念を抱き、国語教育への興味関心を植えつけていただいたことにあった。併せて、金山哲三先生の思い出も大きかった。

卒業後、昭和三十一年四月、広島市立白島小学校に就職した。当時は、年々児童数が増加して、一学年八学級あった。そして、一人が一教科ずつ担当して指導案の作成などをしていた。私の同学年には、当時広島市小学校国語科主任として活躍しておられた故宮原健治先生がおられ、私は、もともと興味を持っていた社会科主任にさせていただいた。

ある日の夜、広島市立千田小学校に勤務する友人を訪れたとき、そこで、遅くまで輪転機を回して印刷をしておられた高田亘先生と出会った。初対面で、どこでお知りになったのか、「先生は、野地潤家先生の教え子でしょう? 今度、野地先生のご指導を仰ぐ研究会を始めるんですよ。参加しませんか? 一緒に勉強しましょう。」と誘ってくださった。国語教育の研究をそれ程やっていなくて自信のない私でしたが、卒業論文のご指導までしていただいた恩師野地潤家先生からまたご指導いただけるという喜びで、厚かましくも「よろしくお願いします。」と答えてしまった。そして以後、国語主任会に所属させていただいた。

「干天の慈雨」という言葉があるが、国語主任会での数えきれない多くの方々との出会いは、自分なりに豊かな教師生活を送り、生きがいを覚えることのできた、忘れがたい慈雨である。

国語教育を志して歩んだささやかな教職の道を終えた今、しばしば思い巡っては感謝している。

六、愚直の歩み

増田義法

「愚直の　歩みなれども　二十年」

平成二年に、広島大学名誉教授　森本正一先生からいただいた色紙のことばである。二十年は「ひろしま文学教育研究会」の歩みであった。また、私にとっては、国語教師としての歩みでもあった。

昭和四十六年、広島大学教育学部小学校教育科国語研究室の主任教授であった松永信一先生の国語関係者による追悼研究会を大学・同窓生・広島市国語研究会の共催で、一周忌の夏に開く話が持ちあがっていた。高田亘先生から世話人にと声をかけていただいた。すでに実践研究を積み重ね、成果を多く発表しておられた高田先生の指名をことわるわけにはいかなかった。卒業後、松永先生から何度か電話をいただきながら、「いま、どんな研究をしているのか。」と尋ねられるのがこわくて、ついつい足が遠のいていた。「先生が再婚をされたらしい。」との情報に「ちょっと新婚さんの顔を見に訪問しようか。」と同級生と話しているうちに数か月たった。

お盆すぎの台風の中を大学病院にかけつけたときには、病気のためか先生の意識は朦朧《もうろう》としておられた。ふと枕元の私に気づかれると「おう増田君か。よい男でのう。」と奥さんの顔を見られた。よい男が本心であったら、あの光景が先生の頭の中をよぎったのかもしれない。学生時代、めったにしない研究室の清掃をみんなで済ませて席についたとき、誰かが松永先生を呼ぼうかと言った。この役は何となく私に回ってくる。先生は「ありがとう。今、あしたの講義の準備中で、出来上がらないと学生に申し訳ないので……。これでお菓子でも買ってもらえないだろうか。」と言って、五百円札を財布からゆっくり取り出された。

病院に見舞ってから数日後に、私が訃報を受けたときには、三十歳を過ぎ、ようやく教育の道で生きることを決意したときには、すでに師はこの世にいない、こんな心境であった。

森本先生は、松永先生の遺稿を中心になって整理され、『言語表現の理論』(桜風社)として刊行された。私が森本先生と出会ったのはこの時がはじめてであった。一周忌を終えた後、有志によって、袋町小学校図書室で輪読会をした。私の本の目次に記入されている報告者メモによると、森本、安田、宮原、阿川、榎野、佐藤、岡屋、砂原、高田(淳)、梶矢、脇田、松野、佐々木(峻)、菅原、松浦、武藤の諸氏の名がある。松永先生の講義の折には「わからん、わからん。」を連発して先生を困らせたものであったが、故人に質問も出来ず、みんなで考えるより他に道はない。本が手垢で相当汚れているところをみると、何度も手にしたのであろう。先生の意図されたものは、おぼろげではあるが、見えてきたような気がした。

一年をかけて輪読をすませた後であった。森本先生から

「増田さん、松永先生の論をもとに研究会をはじめませんか。」

「広島市には、すぐれた研究をされる人がたくさんおられますよ。私でなくても……。」

「いや、この研究は、十年先を目指してするんです。いま活躍している人ではいけんのです。」

十年先と聞いた時には、気の遠くなるような話だと思った。

月一回、第二土曜日の午後に開く「ひろしま文学教育研究会」の世話をすることになった。実践研究の一ばんの手がかりは、松永先生の晩年に示された「文学教育における作品指導の手順」(「広島実践国語教育5号」昭和四十五年十一月号) の七項目であった。これしかないと言ってもよいかもしれない。

一　理念の所在に目を向けさせる。

だれの、どうしたところに一番感動したか。自分の中に理念がつくられる楽しさをたのしませるとともに、自己変革のしかけが自分の中につくられるのをたしかめさせる。

二　作品の構造に目を向けさせる。

楽しい感動の所在 (㈠で見当をつけたこと) は、主人公がだれであるかと関係深い。㈠の答から、主人公についてみんなの意見は分かれた。このどれが正しいか、たしかめさせる。

三　主人公をたしかめる方法はないか共同思考の後、「は」「が」による方法が開発されたことを知らせてやる。

四　イメージの対立として示されたテーマを推定する。

まず主人公に対する人物を見つける。次いで、それの対立の性質を考えさせる。

○以上で作品のイメージの対立構造がはっきりしたとする。

○そこで、そのテーマとされているような問題を自分の生活の中で感じたことはないか話し合わせる。

五　イメージの順次性をたどる。

(ア)主人公が感動的な行為をするまでに、大きく分けていくつの大きな考え方の変化を経ているかを見させる。

(イ)それから細部にはいる。

読者である自分の内の問題とくらべて、作中人物の感じ方・考え方を分析してみる。

それが、最後の感動とどう関係しているかを一方に忘れないようにして分析すること。

六　感動的な行為の前の動機をていねいにみる。

(ア)主人公の、前の考え方感じ方は、対象認識の何に起因しているか。

(イ)何がわかったからそれが誤りであると気づいたのか。

(ウ)その対象的な問題とテーマとは、かかわりはないか考えさせる。

(エ)あるとして、テーマ設定のとき異論が多く出たろうが、そのどの意見がここでのものと近いか。

七　評価

たしかに子どもの中に自己変革を起こし得たかどうかは、どうしたらたしかめられるか。

実践研究では、景山圭永子先生から「あの七項目は、きっと有効であると思う。私も松永先生には、親しく教えを受けたのに、期待に応えていない。」と話があって、強力な後押しを受けることができた。

例会での森本先生は「私が皆さんに教えてあげるのでなく、松永先生の求めておられたものをともに学びましょう。」という姿勢で、松永先生の好まれた〝同志同行〟と相通ずるものがあった。国語教科書の文学作品の教材解析と実践研究において、報告者の内容にじっと耳を傾けておられた。話し合いで、司会者が困ると、別の視点から適切な助言をされた。また、当時、国語研究会の会長であった安田平一先生は、忙しい中から出席してくださり、皆を納得させる意見を述べられ、会を一歩も二歩も前進させることができた。

ここで、森本先生のエピソードを記しておこう。六月例会のことであった。開会の二時になっても先生の姿が見えない。待つこと三十分、本川小学校の階段を汗をふきふき急いで席につかれた。例会のあと雑談をしていると、いつもの大きめの手帳を胸のポケットから出されて、

「今日はちょっと寄り道をしましてね。私の好きな岩下志麻が三越に来とったんですよ。」

サインをうれしそうにみせられた。一同、あ然とした。美人女優のサインが今日の遅刻の原因とは……。この一件は、懇親会があるたびに酒の肴《さかな》にされた。先生はきまってニコニコ顔で笑っておられた。

研究会における論の進展は遅々たるものであった。しかし、子どもに読む力をどうつけるか。文学作品を読むことを通して生きる力をつけることはできないか。考えることが創造活動であった。

発足五年目の昭和五十二年、黎明《れいめい》書房より『自己変革に導く文学教育』として成果を世に問うこととなった。はからずも、全日本国語学会から、石井賞をいただくこととなり、手さぐりの研究であったが、大いに勇気づけられた。

その後、変革人物を中心の授業展開だけでは解決されない作品群の扱いについて研究の幅を広げていった。発展研究の成果について、『変革を読みとる文学教育』（黎明書房、昭55）『ファンタジー教材の読み方指導』（明治図書、平成元）として発表することができた。出版の前になるとおどろいたのが森本先生の力であった。発表者の考えをうなずきながら聞いておられるが、内には体系が構築されていたのであろう。「さすがは、学者だなあ。」とそのたびに肌で感じた。

はじめ、森本先生から十年先をめざして頑張ろうと声をかけていただいてから二十年も続けることができた。三十年目のひろしま文学教育研究会

は、東広島市の「藤乃屋《ふじのや》」で同窓会を開き昔を語ることが出来た。森本先生が『勲三等瑞宝章』を持って来られ、「これはみなさんのお陰でもらえたようなものです。」と謙虚なあいさつがあった。勲章は順に手渡しをされ、首にかけてみるものもいた。重くて輝いていた。

私の押入れには、二十年間の毎月の発表者の資料がダンボールに入れて積まれている。ザラ紙から上質紙へ、ガリ版刷りから、ワープロ、パソコンへと変化している。資料も財産であるが、何といっても人が宝であった。「よき師　よき先輩よき同僚」に恵まれたことである。南観音小学校在職中、国語仲間の馬野先生、坪井先生と三人が同学年になったことがあった。一つの学年が五学級だったから、校長も粋なはからいをしてくださったものである。国語の実践研究をするときには夜の九時ごろまで、教室で議論し合った。三人寄れば文殊《もんじゅ》の知恵とはよく言ったもので、なかなか意見の一致はみないが、指導者と児童の立場の両面から検討ができたようである。第一集に収められている「大造じいさんとガン」をまとめることになったが、学年末で思うように時間がとれない。遂に、宿題を抱えて、東北の蔵王へ学年旅行に出かけた。東北新幹線のなかった時であったから、三人だけ別の席で国語の勉強である。昼はスキー、夜は地酒をくみかわし、朝は他の人の寝息をうかがいながら四時に起き出して、額をつき合わせたのもよき同僚との思い出である。

広瀬小学校は小規模校であったので国語研究について相談する仲間がいない。しかし、年齢から研究発表の機会は多かった。研究発表は自分のテーマが命である。発表の核に何をすえるか、それが決まるまでが私の苦しみであった。文学教育研究会のあと、安田平一先生と〝縄暖簾《なわのれん》〟をくぐるのが楽しみであった。頭の中で混沌としているものを酒の勢いを借りて出す。安田先生は、じっと聞いておられるが「それはよい考えだ。」「それはどうかな。」と反応をされた。ただそれだけである。長時間しゃべっているうちに自分で方向を決めていく。一人で悶々としているより解決がはやい。今時《いまどき》のことばで言えば、国語カウンセラーであろう。よき先輩であった。

平成十四年五月、きのうは、国語研究会の送別会に出席した。青年教師であった高田晴彦先生を研究会発足時にさそったときには、詩の創作への意欲が旺盛で、別にしたいことがあるからと断わられたが、いつの間にか仲間になり、私のあとの広島市国語研究会長を継いで、いま送別会の主賓の席にいる。文学研の事務局を継いでくれた吉岡正彦先生は、国語研究会の中心校長となっている。

きょうは、見事に成長した棕櫚竹の鉢を玄関に入れた。森本先生のお宅を訪問したとき、奥様が、株分けをされた一株をいただいたものである。

正門

授業風景

第20回
全国小学校国語教育研究大会
（幟町小学校）

七、大村はま先生の人間性に魅せられて

三上　寿磨子

退職をして五年が経過しようとする今、人から一寸距離をおいたような生活の中では、人と関わって生きるということはよいものだと実感している。子供を始めとして、共に仕事をした人、保護者、地域の人、その他実に沢山の人との出会いがあった。それは、私の人生の何よりの財産になっている。私の三十七年間は、今日よりも明日へとより良く子供を育てていきたいという思いと、子供の発散する強い生きるエネルギーに魅せられて過ぎていった。

また三十七年間には、教師としての私の成長になっていった沢山の人との出会いがあった。中でも、安佐郡時代の「作文の会」での野地潤家先生からいただいた数々のご指導、福王寺での合宿、そして湯の山合宿や各種同好会は、私の国語教師としての歩みの方向づけにもなった。偉大なる大先輩である芦田恵之助氏は、「良き師を得れば、人は幾歳になっても育つものである。」という意味のことを述べておられたような気がするが、まさに私自身そうであったと思う。

そんな中で、特に若き日より私の心の師であった人は、人間国宝的存在である大村はま先生である。教師になって日も浅い頃、はま先生の講演を聴く機会があった。その時、何と素晴らしい先生だろうと衝撃を受けた。そして、はま先生の教育者としての力量に一歩でも近付きたいと念じてきた。先生の著作を読み、研究会に参加し、講演を聴きと、大村はま先生の人間性に魅せられて自分なりに勉強を続けた。また、「大村はま国語の会」にも入会をし、年一回上京をして、はま先生の研

究会に参加をするのがとても楽しみであった。退職近くなった時、結局は先生の足許にも及ばなかったなと、我が無力を感じたものだった。しかし、折々に聴き続けてきた話や、読んだ先生の著書から、はま先生の人間性に触れたことは、私の人生を豊かにした一つだったとありがたく思っている。

私は在職中、大村はま先生のことばの中で心に響いたものを核にすえ、自分なりにさまざまな単元学習を試みた。「子供は途方もなく伸びようとするもの」「子供を優劣のかなたにおく」「目の前の子供にしっかり目をすえる」「同じ教材でも、二度と同じ指導の方法をとらない。それは目の前の子供の実態が異なるから」「一つ一つの活動にどういう力をそこでつけていくのかをはっきりさせる」等々、折々に心に響いたことばを指導の中核にしながら学習活動を考えた。そして、何よりも、学習は子供にとって楽しいものでなければいけないということを念頭においてきた。日々の国語教育は、私にとって充実感があり、やりがいがあったが、力不足の私にとっては苦労も多かった。単元学習の中で、一つ一つの学習活動を考え、そこでつけていく力をはっきりさせながら指導計画を立てていくことは時間も多くかかった。また、子供に与える資料捜しや資料読みも多くの時間を必要としたが、反面、教師の私にとっては、あらゆるものが取材活動になり楽しいものであった。

そういう日々、或る時授業の中で、学習に遅れがちなひとりの男児が、「おれ、雪こんこん物語が面白くなった。」(読書の単元学習)と叫んだ時は、ぞくぞくするような喜びを味わった。

校長になり、自分なりの学校経営をしていく立場になった時、私は次のようなはま先生のことばを私の指針にした。「こういうことをしたという大きな事はなくとも、毎日毎日の教育の中に起こってくる小さい事を一番良い方法で処理し、そしてそれが出来るようにと思って苦心する。そういうのが本当の意味での教育愛ではないかと思う。」

沢山の人達に育てられながら、大村はま先生の生き方、人間性に少しでも近づきたいという思いを持ち生きてきた教師生活は、やっぱり幸せだったと思う。

八、図書館に関わる出会い

山縣哲明

戦後数年を経て、更紙による出版物が出回り始め、子供向け読み物も、質素な冊子であった。教室の一隅に「持ち寄り文庫」を設けて、互いに読みあう学級もあった。

昭和二十八年、学校図書館法が施行され、全国各学校に、学校図書館を設置することとなった。

昭和三十年当時、安佐郡祇園小学校の四年生担任だったころ、同学年の大上勝三先生（後安西小校長）の勧めで、図書館の仕事を共に始めたのが学校図書館に関わるきっかけだった。

図書の受け入れ・分類・修理などを学んだものである。そのころ、広島市に出版社をおいた『銀の鈴』という雑誌がよく読まれ、『ピノキオの冒険』や『ジャックと豆の木』『ガリバー旅行記』『アラビアンナイト』『イワンのばか』など、外国ものの絵本が子供たちに親しまれていた。

安佐郡教育研究会（小・中学校）の図書館研究会が、安佐中学校で開かれ、石井昌美先生（校長）・杉原譲治先生（共に故人）や三上先生などと共に、図書館整備について協議したものだった。このころ、児童と図書館資料を結ぶ「目録カード」が導入され、「件名目録」の作成に熱中したものである。

昭和三十四年の夏、広島大学で司書教諭の講習会が開かれ、岸本幸次郎先生（助教授）等から図書館学を学んだものだった。

このころから一層出版物が増加し、児童向けの図書も豊富になった。

坪田譲治の『善太と三平』、浜田広介の『泣いた赤鬼』、小川未明の『赤いろうそくと人魚』、アンデルセンやグリムの童話集、マローの『家なき子』、玉川の『百科事典』など、用紙・印刷製本もすばらしく、戦前戦中に育った者には、羨ましい限りだった。

山本小学校では、山手信晴先生（校長）が安佐郡図書館研究会長で、図書館指導の公開授業に取り組み、可部教育事務所の石橋正明先生（指導主事・後　伴東小学校長）から懇切な指導を受けたものだった。

昭和三十八年、川内小学校へ転勤し、大元春夫先生（校長・安佐郡図書館研究会長・故人）にお世話になり、郡内の学校へ出かけて研究発表や協議会に参加したものだった。

また、読書感想文の文集について、可部中学校の小見門資郎先生（後　八木小校長）との出会いがあった。昭和四十二年、郡の研究誌「安佐教育」に、「効果的な図書館資料の整理と運営」について、掲載していただいた。図書室には、松谷みよ子の『龍の子太郎』、岩崎京子の『かさこじぞう』、神沢利子の『いたずらラッコのロッコ』、小出正吾の『フランダースの犬』、二反長半の偉人伝もの、千葉省三の童話集、椋鳩十の動物物語、新美南吉の『おじいさんのランプ』など、豊かな心を育む図書が書架に並び、よく読まれたものである。

昭和四十六年、中国地区学校図書館研究大会（大竹市）では、図書館研究会長の東　実夫先生

（深川小校長・故人）の勧めで、研究発表をしたものだった。

このころ、安佐郡内の各町村が広島市に合併し、研究会も市の研究組織に吸収された。

広島市小学校図書館研究会では、牛田小の宮原健治先生（校長・会長・故人）、段原小の吉清一真先生（校長・会長）、吉島小の浜本巌先生（校長・会長）など、多くの先輩との出会いがあり、思い出深い「図書館ノート」の編集に携わったものである。このころ読み物は、佐藤さとるの『おばあさんのひこうき』や大石真の『チョコレート戦争』、池田宣政の『ジョン万次郎』、シートンの『動物記』など、新しい内容が次々に出て、多くの子供が親しみ読んだものである。

昭和五十年には、市教委発刊の「図書館利用指導計画」編集にあたり、当時指導主事の佐藤陽祐先生（後　長束小校長）や松本賢三先生（後　飯室小校長）・高田　淳先生（後　伴小校長）・山田繁実先生（後　上安小校長）等と共に幾度となく協議し、研究を深めたものだった。また、県学校図書館協議会との連携で、戸坂小の政本国治先生（事務局長、後　会長・幟町小校長）との出会いを深めたものである。新市域の学校では、団地造成による児童数の増加に伴い、図書室の縮小・移動（廊下や書庫）が多かった。

昭和五十四年、上安小（新設校）時代、初めて図書館（閲覧室・整理室）の施設が整えられ、頼もしく思ったものだった。

しかし、いつしか子供の読書離れ・活字離れを聞くようになった。後に奇しくも山田繁実先生（校長・市図書館研究会長）を迎え、図書館教育の推進に心強く思ったものだ。

昭和五十六年、第十二回中国地区学校図書館研究大会が、比治山女子高校を中心に開催され、分科会で利用指導について発表し、船越小の平山威先生（後　伴東小校長）との出会いを深めた。昭和六十二年、広島市小学校図書館研究会長に推され、前任の芳賀　淳先生（井口台小校長）から引き継ぎの激励をたもうた。昭和六十三年、広島県小学校教育研究会の図書館部会長及び県学校図書館協議会長の任を負うことになり、江副一義先生（本川小校長）、事務局長の阿川淳信先生（後　牛田小校長）や吉永正憲先生（後　東浄小校長）等にお世話になった。この時期、市小学校図書館研究会長に綿崎英之先生（梅林小校長）、県小学校図書館協議会長の任に佐藤陽祐先生（長束小校長）が当たられた。

広島県学校図書館協議会長在任の二年間、田中豊実先生（庄原実業高校長）、酒井史郎先生（八本松中校長）、斉藤司先生（戸坂中校長）、佐野陽祐先生等役員各位のご支援により、会の運営は勿論のこと中国地区大会を広島市で開催する計画に協力いただいたものだった。他に県読書推進運動協議会の招請で、原田睦民氏（会長・県議・長束小前PTA会長）に、再びお目にかかった。

また、全国学校図書館協議会事務局長の佐野友彦氏とも、読書推進行事や会の活動について話し合う機会もあった。県図書館研究高田大会では、高田郡向原町で開き、重藤　淳先生（向原高校長）、折口柳壮先生（向原中校長）などとの出会いがあった。

さらに呉大会では、内海思郎先生（実行委員長・両城小校長）や分科会の助言者に、尾田由紀子先生（指導主事・教え子）にもお世話になった。退職後の平成二年四月、広島市文化振興事業団の比治山青空図書館へ嘱託勤務となった。学校とは異なる公共図書館の運営に当たり、かって祇園小時代の城根功臣先生（前　荒神町小校長）と再会し、楽しく勤務したものだった。平成三年から図書館長になり、兼保克俊先生（前　仁保中校長・後館長）の支援を得て任に当たった。

館長会では山崎克洋先生（中央図書館長）や川本英雄氏（こども図書館長）・各区図書館長などと連携協議をしたものである。

また別に、広島市図書館協議会があり、岸本幸次郎先生（会長）と三十数年ぶりに、お目にかかる機会を得た。文化事業団の館長会では、西本善行氏（常務理事）・各課長・各区文化センター館長・各区図書館長・現代美術館長・映像文化ライブラリー館長など、多くの方々との出会いがあった。

振り返れば、読書・図書館教育に取り組んで、四十年を経たことになる。

多くの書物に触れ、その教育や運営に携わる多くの方々と巡り会うことができた。

そして、多くの関係者のご厚情をいただきながら、学校及び公共図書館の業務を貫くことができた喜びを感じるものである。

また、長い道のりを歩む間、多くの図書整理に関わって、著作者の陰徳に触れ、広く深い知識や人生観を、及ばずながら得ることができたと思うのである。

広島市立長束小学校くじゃく図書館（平成3年度）

九、このよき出逢い

若藤貞夫

私の長い教師生活での信条は「一期一会」〈天与の花を咲かせる教育〉。「和顔愛語」〈共に咲くよろこびの教育〉であった。この信条は、第二の人生を生きさせていただいている今の私にとっての人生訓ともなっている。

そして、この信条を教育のうえで、具体的に実践していくための基本姿勢は「ことばの教育」であると考えた。〝ことば〟は、人間のみが持っている特権であり、宝物であることは言うまでもない。人間は〝ことば〟によって育ち、〝ことば〟によって成長していくものである。〝ことば〟は、単なる道具ではなく、『心』であり、〝ことば〟をせめて生きていくことが、成長期にある子どもにとっても、今日を生きている大人にとっても、現代社会の最も重要な課題ではないであろうか。「何を聞き」「何を話し」「何を読み」「何を書くか」によって、人間の生活は、大きく左右され、変革していくものである。

鈴木三重吉先生は、『綴方読本』の序の中で、「綴方は、多くの平浅な人たちが考へるやうに、単なる文字上の表現を練習するための学課ではない。私は綴方を、人そのものを作りとゝのへる、〝人間教育〟の一分課として取扱つてゐるのである。私は多くの方々に向つて、この意味での私の主張を検討されることを熱望して止まないものである。」と述べておられる。私が、国語教育（作文教育）に更に関心を深めることができたのも、この鈴木三重吉先生のおことばに感動し、感銘を受けたことにある。

幸いにも、私は、この道の教育について多くのよき先生、先輩にめぐり逢い、また、よき同僚・

同志・保護者・教え子にも出会うことができた。

特筆すべきことの一つに、鈴木三重吉先生の遺徳を継承し今日に至っているものに、中国新聞社主催の「鈴木三重吉賞」がある。この賞は、今年で第五十四回を迎え、その作品の特選・優秀賞に輝いた児童・生徒の作品が毎年、中国新聞の新春の紙面を飾り、広く愛読者の皆さんの感動を呼び注目の的となっている。私は、縁あって鈴木三重吉賞創設以来、地方審査員の末席を汚して今日に至っているだけに、一層感慨無量なるものを覚える。中国新聞社のこのすばらしい発想・企画・運営に対し心から感謝申しあげ、いついつまでも継続されることを願ってやまない。

また、この道の多くの先生方にも恵まれた。わけても可部町に在住しておられた作家・畑耕一先生、県視学だった中川金一先生、中国新聞社論説委員だった紺野耕一先生、可部教育事務所長だった沖津祥徳先生、中国小学生新聞主幹増川正三先生……があった。いずれの先生方も、ことばの教育のきびしさを力説され、多くのことを学ばせていただいた。

畑耕一先生は、地元可部町に住んでおられ、私はたびたび子どもの作文・詩を持参し、教えをこいに伺った。先生は、さすが作家であるだけに、特別きびしく、するどいものをもっておられた。先生から教えられた忘れられないことばは、「子どもの心でものを見させ、とらえさせよ。」、また、「自分の力で、自分のことばでものを書かせよ。」、「人のまねをさすな。」であった。

その端的な一例として指摘されたことに、学校の玄関に掲示されている子どもの習字があった。先生は「あれは、臨書だよ。」、「いかに手本に似せて、まねて書くか。」であって「あれは、子どものほんとうのものではない。子どもの字ではない。」「子どもの作文も、詩も同じことがいえる。」ときびしい批判があり、今でも忘れることはできない。

中国小学生新聞主幹の増川正三先生は、当時、中国小学生新聞を発刊され、小学校に豆記者を設置され、お互いに交流を図りながら子どもの文筆活動に大きく貢献してくださった。また、鈴木三重吉賞にも深い関心をいだかれ、昭和三十八年、中国新聞社発行の別冊〝生活をえがく子ら〟を発刊された。

その内容は、・はじめに（三重吉賞について）・選者のことば（坪田譲治・与田準一）・特選作品集（作文12編・詩18編）・『赤い鳥』と郷土広島（グラビア）・入賞児をそだてて（新しい人間づくり）若藤貞夫・作文指導（やさしく・すなおに）小川利雄・四十年の友三重吉（思いでを語る）加計正文・座談会（よく書いたあのころ）入賞者を囲んで・賞を受けた人たち（名簿）・中国小学生新聞のこと……など四十四ページにわたっており、作文・詩の指導に大きく役立てていただいた。

直接教育の道に携わっていた現場の先生では、広島大学教授野地潤家先生、広島県教育委員会指導主事末田克己先生、広島大学附属小学校小川利雄先生、高田亘先生……からは、教育全般はもちろん国語教育わけても読解指導・作文指導については、格別数多くのことを学ぶことができた。

野地潤家先生は、日本の国語教育を動かされた先生で、『近代国語教育論大系』『幼児期の言語生活の実態』……をはじめ、かずかずの名著は言うに及ばず、たび重なる名講演、全国にわたっての研究集会等での講師としての適切で、具体的な指導助言は、まことにすばらしいものであった。

特に、先生の常に謙虚で、真摯なお姿には、ただ敬服のほかはない。また、起承転結をふまえて、一言半句無駄がなく、寸分たがわず時間厳守の名講演は、今も忘れることはできない。

また、安佐地区にかけていただいた情熱には感謝のほかはない。毎月の「作文の会」をはじめ

「授業研究会・研究発表会」等には、たびたび足を運んでいただいての懇切・丁寧なご指導は、ありがたく、頭のさがる思いでいっぱいであった。

その実践例として、昭和五十二年十月一日発行していただいた、広島大学教授、教育学博士野地潤家編、共文社刊の『作文指導実践入門』がある。この書は、安佐地区作文教育の同志二十名余のみなさんによる実践研究の結晶である。

この書の中の「まえがき」で、野地潤家先生のおことばを抜粋してみると、「作文指導の実践を、指導者みずからのものとし、自在に授業として組んで積み上げていくことは、容易なことではない。」「数多くの作文教育遺産から摂取し、学びとることは少なくないが、みずからの目の前の実践に、なにをどう生かしていくかは、慎重に検討して活用の方途をくふうしていかなければならない。」「安佐地区の先生方によって、耕され、積みあげられた、日常の作文指導実践がここに、結集され、ある〝かたち〟をもつに至ったことは、同行のひとりとしてうれしい限りである。」と述べておられる。

この書の内容としては、「まえがき。一、入門期の作文指導（一年）。二、日記の指導（二年）。三、読書感想文の指導（三年）。四、取材と推敲の指導（四年）。五、題材の見つけ方の指導（五年）。六、意見文の指導（六年）。七、作文指導実践の推進のために。あとがき。」となっており、二百七ページに及んでいる。

この書を発刊するにあたり、野地先生の〝まえがき〟のおことばにあるように、至らぬ安佐地区の同志に対し、こんなに、あたたかいおことばをいただき、ありがたい限りである。微に入り細をうがってのご熱心なご指導・ご助言は、これからも安佐地区作文指導の羅針盤として、永久に語り継がれ、生き続けて欲しいものである。

安佐地区でも、よき先輩、多くの同志・同僚にも出会うことができた。

先輩校長村上昇先生（祇園小）は、安佐地区国語研究会の初代会長に就任され、昭和三十年小・中学校が連携し、郡内児童・生徒を対象にした文集『あさの子ら』を創刊され、児童・生徒の作文力向上に大きく貢献された。

先輩校長野平省三会長（大林小）は、昭和三十一年〝作文の会〟を結成し、毎月第三土曜日、毎回実践研究の発表者を決定し、広島大学教授野地潤家先生を講師としてお迎えし、作文指導を具体的に積みあげていった。

野平会長は、昭和三十四年、童話家原北陽氏を指導助言者として〝童話会・話し方の会〟を創設された。原氏のカスタネットで拍子をとりながらの独特の童話は、児童生徒の深い感動を与えた。

また、野平会長は、中国新聞社主催の鈴木三重吉賞にも深い理解と関心を持たれ、安佐郡内の多くの同志に「三重吉賞」を育てていくことを呼びかけられ、年々多くの入賞作品をみることができた。その作品の中には、心に残るすばらしい作品が数多く生まれ、今も話題の種となっている。

私の仕えた山本勝實校長（八木小）は、昭和三十三年、八木小学校において、可部教育事務所・郡校長会・県国語教育連盟・県作文の会の後援により、研究主題「生活をたかめ表現をゆたかにする作文教育」（一、国語科の中で書くことの指導は――。二、各教科の中で書くことの指導は――。三、作文を通して生活指導は――。）のもと、次の日程で「八木小学校作文教育研究大会」を開催され好評を博した。※全学級学習公開※実践報告※分科会（国語・教科・生活）※講演「作文教育研究会によせて」成蹊学園教育研究所長滑川道夫先生。

私の教師生活でのよき出逢いは、あげれば限りがない。数多くのものが残されている。

よき出逢いは「その人の人生を根底から変えることがある。よき出逢いを――」といわれている。

まさにその通りで、私は、おかげで思い出に残る、悔いのない教師生活を送ることができた。多くのご恩になった方々に、心から感謝の誠をささげてやまない。

十、山県から安佐へ

石橋正明

振り返ってみると、国語研究会や、私を揺さぶってくださった多くの人達が、今も鮮明に思い出される。

この思い出を語るにあたって、私は先ず山県郡から出発しなければならない。

山県では、見事な頭をなさった中村克己校長先生が一番印象に残っている。先生は若い者に交って終始活動され、一切をまかせて動じず若い人達が意欲的に活動できるよう尽力された方であった。

思い出深い夏季合宿は、例年三段峡の黒渕荘でお世話になっていた。昼間は蟬しぐれの中で、お互いの実践記録を出し合い、相互研修主体に進められた。夜は入浴し、一杯呑んで、ランプの下でするマージャンが楽しみであった。

この会の企画は、若い佐々木先生や田形先生を中心に進められた。この二人は極めて積極的で、言いたいことは歯に衣を着せずに述べる方で、よく言い争いもしたが、又仲良く最後までまとめることができる名コンビであった。又、研究面でも意欲的で、競って記録をまとめていて、いつの間にやったのかと舌を巻くほどであった。

実践発表では、自分の発表が衆目を集めるようにと、意欲的なメンバーが多く、触発されることの多い有意義な会であった。この会があることで、一年間意欲的に研究し記録をとって臨むため、お互いを深め豊かにすることの出来るすばらしい場であった。

作文（図書館）研究会も、同じようなメンバーが集っていた。推進の中心はやはり中村校長先生の元で、佐々木先生・田形先生であった。

郡文集の編集委員会は広島へ出て行われた。山県は、東部・西部・中北部と地形が大きく分かれているため、各種会合とも、通常は隣郡である飯室を会場とすることがほとんどであった。宿泊を要することとなると、広島へ出ることになる。そんなわけで、郡文集編集委員会は、年一回の楽しみな会でもあった。

低・中・高の三分冊としていたため、昼間は低中高別に席を分けて編集作業にあたり、夜も深夜まで及ぶことが多かった。中村会長と私は、夜食を買いに行くと称してパチンコへ行き、ずいぶんな出資をしたこともなつかしく思い出される。

安佐郡に帰ってからは、三年ばかり担任があり、意欲的な実践もでき、発表させて頂く機会も与えられた。

安佐には、国語に打ち込んでこられた、大上先生・丸岡先生などベテランの実践者が居られて、その方達によって国語研究会が運営されていた。研究会当日は、本質論・具体論ともケンケンガクガクで、時間を忘れて論じ合うことも多く、とても刺激になり有意義であった。

女性には、中村先生・平岡先生など授業の名人が居られたことを思い出す。一時間中児童を引きつけ寸分の隙もない、見事な授業を見せて頂くことができた。それは、自然のうちに正しい国語力が身につき、豊かな心情を育てるに十分な授業で、感動させられたものであった。

昭和四十八年、広島市と合併してから、しばらく安佐郡態勢の研究会が続けられていたように記憶している。しかし、広島市研究会と両立もできず、統一されることとなった。それでも安佐国研は、熱心なメンバーが同好会形式で細くなりながらも維持していた。

特に安佐作文（図書館研）の会は、土曜日の午後などに「子どもの本を読む会」と称して、毎回各自一冊の子どもの本を読んできて、それを紹介・推薦するという形式で存続した。

日々多忙な中で、子どもの本など読んでいられない現実であったが、この会のおかげで、本屋さんの店頭に立ち、どんな本が発刊されているか、どんな内容なのか手に取って見ることができた。そして、それを何度も読みかえしてみることができて、この上ない専門性の研修ができたわけである。国語人として当然なことを逃していたのを、呼びもどしてくれたのがこの会のすばらしさであった。

加えて、本の見方感じ方にもそれぞれ違いがあり、会に参加することによって、幅広い見方に接しられ、自分の感覚を磨くのにずいぶん役立ったものである。

小学校・中学校・教育委員会、一市二郡と教育に携わった四十年間、長いようでもあり短いようでもあった。その間、多くの有能な専門性を身につけてこられた方々との出会いがあった。国語教育の研究実践の図書を出された高田亘先生、国語教科書に採用された児童作文を指導された大上勝三先生、授業名人の平岡豊恵先生等々、数えあげれば際限がない。

私は、それらの多くの実践者によって自然に、また多年のうちに育てて頂いたように思う。性来鈍感な私は、一エポックによって改心を果たしたというものでなく、多年にわたり多くの方々との出会いが、自然に自分の生き方を正してくださったように思えてならない。

研究会の中では、同好会形式のものが一番身につくように思っている。体制としての研究会、与えられた研究会も決して無意義とは思っていない。しかしながら、同好会形式のような意欲が源流になく、どことなく建前で終わって、突込み不足の感を拭えない。

そこへいくと、同好会形式のものは、活気があり意欲的な取り組みがなされた。しかしながら、現今、多忙な教育界に、研究実践を主体とする同好会形式のものは消滅してしまった感じで淋しい。

最後に、「教育に携わる教師は、意欲的に真摯に取り組んでこそ、児童に伝わるものがあるのではなかろうか。表現は適切でないが、生ける屍のような、無意欲な教師は、児童を真に育てることはできない。」との思いを強くしている昨今である。

十一、私は育てられていた

平　岡　豊　恵

教師として誕生したのが、昭和二十二年四月、子ども好きの私は、自分の力のなさも省みず、夢中で取組んだが、今考えると、よく許してくださったことだと感謝でいっぱいである。

四年目に八木小学校に替わった。そこで初めて国語の研究授業に出会った。山本勝實校長は、指導案を持っていくと真赤になる程原稿に赤い字を入れられた。驚くと共に大変勉強になった。書いても書いても直される、そのエネルギッシュな姿に唯々従うしかなかった。教頭の若藤先生は、作文に対してこれまた厳しい指導をなさり、若僧の私はスポンジが水を吸う如く学ばせてもらった。私の国語教育の基はこの八木小学校が土台を作ってくださったと信じている。この学校で一度退職した。

しかし一年たたない間にこの八木小学校に併設の幼稚園が出来、ご縁をいただいた。その幼稚園で、小学校と共に「西日本国語研究大会」に参加し、幼稚園でも公開保育をせよとの命令があった。「ええっ。幼稚園で作文教育を？」と唸ったが後へ引くことも出来ず、前向きで取組んだ。忘れもしない、書くことの出来ない園児に何をどのように……、と悩んだ。ご指導のもとに浮かんだアイディアで、「消防自動車の仕組みと役割」について話し合い、イメージをふくらませて言葉づくりをし、それをつないで話す保育をした。四十五年前なのにまざまざと思い浮かんできた。校長・教頭・同僚に教えられることは勿論だが、幼児が環境によって見せる姿にも私にはよい刺激となり心の通いが出来て効果は大だった。

芸北町に転勤した私は、雪国の生活に感動と感激、そして今までの環境の豊かさに感謝し、それをしっかり手紙に書き自分の作文の勉強になった。四季の変化は都会では味わえないドラマを見せてくれて私自身の文章の練習になったことは何よりの幸いだった。地域の方々の人情味の細やかな中で育てられた子どもたちは、書く力こそ弱くても少し刺激をすれば、すばらしい言葉が湧いて出て、今までに感じられなかった子どもの表現に教えられ、私まで意欲が湧いて、書いて書いて書き綴った。

三入小に転勤になった。またまたここですばらしい国語教育の出会いとなった。

末田克美先生の指導による「たどりよみ」という方式を国語研究会の講演で聞き心を奪われ、早速学級へ取り入れ子ども達と学んだ。すると、子ども達の目は輝き始め私の教材研究にも熱が入った。そんな時、校内の女子三人の気が合い共にグループ研究を始めた。夜遅くまで読み進めながらの板書のあり方や、発問と板書、児童の応答等々「ああでもない。」「これはおかしい。」と時間の過ぎるのも忘れて討議をし研究する日が多くなった。そのうち校内研究にも持ち出し発表していくようになった。すると他の教師も面白いと乗り気になってきた。とうとう年一回の広島市教育研究会国語部会に、低・中・高で公開授業をすることになった。指導案を作っては研究し合い、その案をもっては末田克美先生の所へ教えを求めて足を運んだ。先生は、その熱意と内容の深さに「賞めてくださったり、叱ってくださったり、その人その人（低中高）のよさと特長を認めてくださったりして、しっかり指導をしてくださった。」いよいよ研究会が近くなったある日、親しくしてもらっていた野地貞夫先生が「授業を見に行くけえのう、わしが85点以上をつけたらシャッポを脱ぐよ。もし悪い点だったらその方式をやめえよ。」と言われ、温かい心に感謝すると共に、負けてはならじと真剣に日々子どもたちと学んだ。済んだ後「平岡さんや、子どもをよう鍛えとるのう、95点じゃシャッポを脱ぐよ。頑張って続けんさい。」と言われ嬉しそうに帰って行かれた。

厳しい一言、温かい一言、思いやりの一言、いずれの言葉も心の通いなくしては出せない、そして受け取れない一言である。この教職で読解を身につけさせて頂いた職場として忘れられない感謝の学校だった。

安小へ転勤になった時、広島市国語研究会の夏期合宿湯の山会場に誘われご縁を結んだ。広島市の先生方の中へ安佐郡から初めて参加させてもらった。大上勝三先生のお導きからだった。「手ぶくろを買いに」を研究発表させて戴き、故小川利雄先生の優しさの中に厳しい教えは今も忘れられない。その後湯の山国語合宿には出来る限り参加させてもらったが、国語教育の根本である心の豊かさや人間性について、昼夜を通じて深い教えを身につけさせてもらったことに感謝している。

また、作文教育においては、大町小に転勤した頃から野地潤家先生の直接の熱いご指導を受ける機会に恵まれた。昔の安佐作文の会は毎月行われ、野地先生の厳しさの中に体験と理論を結びつけ分かり易く導いてくださることに、ぐんぐん心を引きつけられ、学びのエキスが体内に沁みこんで行くのを感じた。

たまたま家が近くだったことで送らせて戴く車の中で、また人間としての生き方、教師としての心情を微に入り細に入り話してくださった。私達の手の届かない立派な先生が平易に温かく優しく声をかけてくださり、家にお送りした後も、見えなくなる迄腰送りをしてくださる先生の人間性に頭がさがった。

その後末だに安佐作文の会は続いている。私も教えてもらい育てて戴いて今日があることを思う時、少しでもお伝えする義務があると思い、テクニックより、人間の生き方の根本、教師としての自覚等々共に学びながら、今後の教育界に貢献してくださる先生方と学び続けている日々である。

十二、経験豊富必ずしもベテランならず
――一つの言葉がけから――

古　川　宏　丞

子どもとのさまざまな出会いの中で、その時々に自分のその時代のころを思い出すことは多い。当時の生活と今とを比べること自体意味のないことではあるが、世の中がどのように変わろうとも人の心の有り様は普遍的なものであろうと思いたい。

当時保育園や幼稚園のなかった田舎では、小学校が初めての集団生活の場であった。子どもにとって未知の生活を迎える喜びも大きかった反面、それぞれに不安も抱いていた。

入学式当日、親から離れた席に座ることそのことに不安が募り、声を上げて式の間中泣き通した仲間も何人かいた。それは今までの隣近所の限られた数名の遊び仲間しか知らなかったことも原因の一つかもしれないが、子どもなりに学校はこわいところ、先生たちも非常に厳しい大人だという先入観が、上級生のボスたちによって植え付けられていたことにもよる。

何年生の誰々は水を入れたバケツを両手に持たされて何時間も廊下に立たされたとか、竹光で頭を叩かれたとか、運動場で腕立て伏せを何十回もさせられたとか、耳に入ってくる情報は怖いことばかりが多く、希望に燃えて入学という心境が薄らいだような気がする。

うわさに違わず、一年生の教室でも姿勢の悪い子ども目がけて、女先生からチョークの端切れが飛んでくることもしばしばであった。学習態度やしつけには幼少時から厳しかった印象が強い。戦後の混乱期のせいか、学年途中でさえ担任も変わ

ることがあった。そんな中にもそれぞれの担任から多くのことを学び、そのことが自分の教職生活の基盤となり、ひいては自分の国語教育とりわけ作文指導における底流をなしていたように思える。

強く心に残っている担任の一人は学生服かと思える詰め襟をきちんと身にまとった二年生の時の若い男の先生である。休憩時間には教室の片隅でしきりと保護者宛の学級通信めいたものを書いておられた。ほとんどの仲間は運動場で遊び回っているが、自分はいつも先生の仕事をじっとそばで見つめていた。指の動きに合わせて鉄筆がガリガリと音を出す快さ、それに合わせロウ原紙に浮き出る白い文字、いつ見ても、いつまで見ても飽きることがない。そんな自分に先生は「古川くんもこの続きを書いてみるか」と言われ、わずか数行ではあったが下原稿を参考に鉄筆をふるうはめになった。

書いたものがどんな内容であったか全く記憶にはないが、それが青インクで印刷され、各家庭に配られた喜びはいまだに忘れられない。自分の書いた部分が周りの先生のていねいな文字と比べあまりに見劣りがする。しかも初めてのガリ版で下のヤスリの目に鉄筆が取られ、まるで読めた文字ではなかったであろう。そのことはすべて承知のうえで任されたうれしさ。大人の仕事、いや先生の仕事の一部を任された喜びは何ものにも変えがたい。

もう一人の先生は三年生の時の新任の担任である。二学期の始め、学期末にもらった通信簿を提出しなければならない。出掛けに急いでランドセルに収めるとき、何かの拍子に大きく破れてしまった。紙質も物資の乏しい時代の産物であろう。わずかの衝撃でこのようになってしまった。すんでのところでどうにかつながってはいるもののひどい破れようである。こんな大切なものをこのようにしてしまったからには、先生からどんなに叱られるだろうと気が気ではない。とりあえず新聞紙の耳の部分の白紙をハサミで細く切り、何カ所か糊付けをして恐る恐る提出した。

びくびくしながら先生の言葉から逃れるように席に着こうとした矢先、案の定背中から先生の呼び止める声がかかった。

「古川くん破れてしまったのね。苦労してこんなに貼ったりして。そのまま持って来れば、新しいのを作ってあげたのに」

予期せぬ優しい言葉がけに目が潤んだ記憶はいまだに新鮮である。その先生を思い出すごとに、算数の時間初めてコンパスを使って思い思いの模様作りをしたときのことも頭に浮かぶ。その作品を廊下に掲示しながら、隣のベテラン先生に「どのように指導すればいいのでしょう。子どもたちの描いたものが私の思いより格段にすばらしいんですもの」と子どもの前で立ち話をされるような先生である。先生は偉い人という意識が強い自分にとって、まだ新米だから分からないこともあるんだなあ、それならそうと自分たちのいないところで話せばよいのに、と子ども心に思ったものであるが、自分が教職について初めてこの先生のすばらしさがじわりじわりと身に染みて来た。

二人の先生との出会いは自分の学級運営、特に言葉を大切にする国語教育に大きく作用したように思う。

個を大切にする指導がいつのころからか変な方向へ進み始め、お互いが身勝手な自己主張の応戦とも思える学級集団が現れ出して久しい。それは子どもの社会だけではなく、それを取り巻く大人の社会でも大同小異であろう。そんな環境を抜きにして、不登校がどうの、意欲がどうのと叫んでもなかなか解決の方向に向くとは思えない。優れた文学作品に接してもさめた感想に終始する子どもたち。担任を始め教師集団のありように、年々新たな試練が課せられる。

それにしても自分自身、教育の大きな転換期に巡り合った若い男女の二人の先生、その恩恵を自分は十分に子どもたちに分かつことができただろうかと、職を退いて反省することしばしばである。

十三、すばらしき出会い

田村弘子

仕事を去って早や十余年。年を経るごとに支えて下さった多くの方々への懐かしさが、心の部分を大きく占めてくるのを感じます。

「此の教科なら私にまかせて。」

自信を持ってそう言える教科を一つでいいから、自分のものにしたい。採用された時から持ち続けていた熱い思いの私に
「一読会で勉強してみない？」

平岡豊恵先生が声を掛けて下さったのです。目の前がぱあっと開けた思いがしました。それを機に、経験豊かな大先輩の方々との多くの出会いと、研修の場に恵まれました。

私のスタートとなった男性三人女性三人の一読会の研修の場は、平岡先生の自宅の一室でした。指導して下さったのは、日々子供達と向き合って実践を重ねていらっしゃった高田亘先生でした。主として、文学作品の教材研究で、説明文も文学作品も同じパターンで読み進めていた私にとって、一読会はとても貴重な研修の場となり、欠席するなどという事は、考えられない事でもありました。

研修のあとには、食事会もあり、お茶を飲み乍

らの雑談も、幅広い問題を吸収する場でもありました。一日の仕事を終えて足を運ぶその部屋には、絵画・書・生花は勿論、手を伸ばせば、そこにはお茶もお菓子も備えられており、先生方の温かいお人柄も手伝ってほっとする心の癒しの空間がそこにありました。

歩き始めたばかりの私でしたが、この六名のメンバーで湯の山合宿での実践発表という初体験にも恵まれました。

「せせらぎ」文集に、投稿させて頂くチャンスを与えていただいたのも、このメンバーのお力ぞえのおかげでもありました。

続いて、女性ばかり十数名で構成された「虹の会」が誕生しました。指導して下さったのは、広大附属小学校の小川利雄先生でした。書き込みの実践で週末に、市内の小学校をお借りしての研修が始まりました。

どんなに、取るに足らない質問でも、納得するまで導いて下さった小川先生の柔和なまなざしを思い起こす時、今でも胸が熱くなって来ます。実践を通して、本にするまでの大変さは、並大抵のことではありませんでしたが苦しいことも、つらいことも乗り越えられたのは、優しさと厳しさの両面で包んで下さった小川先生のお人柄に支えられたお陰だったと思います。

広大附属小学校の研究大会で先生の授業を初めて参観させて頂いた時、子供の目線に立ち、一人ひとりの目を見乍ら語りかけられる温ったかい姿に、教師としての憧れの姿を見た思いがしたのを、今でも忘れることが出来ません。

そして、その当時、国語教師なら誰でも手掛けてみたいと思われているのではないかと思う程、鈴木三重吉賞作品への関心の強さと意欲が感じ取れるような空気が流れておりました。

しかし、作文指導の入り口にも辿り着かないでいる私にとって、「書かせたら必ず読む。」を実践する程度の日々でした。

そんな折、幸運にも広大教授でいらっしゃった野地潤家先生のご指導をお受け出来る作文の会に参加させて頂くことが出来るようになりました。校長先生や教頭先生や、そして経験豊かな先輩の方達ばかりの中で、ピリピリとした緊張感の連続でしたが、多くのことを吸収出来る貴重な貴重な時間を与えられたことに喜びがいっぱいでした。

野地先生の、おだやかな語り口の一言一言から国語教育の奥深さも、楽しさも、大切さもむずかしさも学び取らせて頂くことが出来ました。

安佐南区と安佐北区の中央部にも丸岡英治先生、綿崎英之先生、平岡豊惠先生のご指導による作文の会が持たれておりました。家庭を持っておられる先生や、若い先生方が出席しやすい近いことを一つの魅力として、今は姿を消したサンフラワーの会議室を借りての研修でした。若さをいっぱいもらうことが出来ました。


その頃、同学年に、思い出を心一杯に残して下さった一人の教師との出会いがありました。三年生の担任として新採のK先生が仲間入りして下さったのです。柔らかな感性と、心の壁などない、まっすぐなお人柄のお姉さん先生との出会いでした。

「国語は答えが一つでないので、むずかしいけど、それでまた面白いのですね。」

先生の言葉に、出発した頃の自分の姿を重ねました。こんなに身近に、日々国語研究を共有出来る仲間を得た喜びで心弾む思いでした。

長い経験者でも疲れてしまう三年生の担任とあって、「子供が席に着いてくれないのです。」と、悲鳴に近い声を張り上げて、かけ込んで来られる姿もありましたが、根っからの明るさと優しさの笑顔とまなざしに、わんぱくっ子も、あっという間にお姉さん先生として信頼関係を築いてゆきました。私達の関係もよくしゃべり、よく笑い、よく涙し、よく仕事をし、よく食べ、本当に充実した日々を重ねることが出来ました。

一年後、彼女は一年生担任として、私は上の学年へと離れ離れになって数日後、ぶ厚い封書が私のもとに届きました。K先生のお父様からのものでした。教師としてスタートした娘さんへの不安で一杯だったこと。帰宅した時の「ただいま。」という言葉に全神経を傾けていらっしゃったこと。夕食時、一日の話を明るく弾んで語る娘さんの姿に安堵されたこと。前向きに取り組む姿が言葉のはしばしから感じられる時の嬉しいこと。同学年の先生方との楽しい時間の一部始終を聞くたのしみ等々、娘さんを思う親心と、感謝の気持ちが全文から伝わって来て、胸を熱くしたことが、昨日のことのように思い出されて来ます。それから幾日経ったでしょうか。出勤するバスに乗り込んだ私が、窓隣の中年の男性の隣に座ったその時、その男性が声を掛けて来られました。

「この近くに田村さんという先生がいらっしゃると思うのですが、ご存知ありませんか。」

「ええっ。私が田村ですが。」

何という奇遇でしょうか。感謝一杯のお手紙を下さったK先生のお父様ではありませんか。学校までの三十分余りは、ホットなホットな話題と変わりました。

まもなく彼女は西区へ、私は北部へと別れ別れになって数年後、市の教科研究会で公開授業をされるというのです。まるで自分が授業するような緊張感と期待感で、ケーキを片手に早目に足を運びました。

「先生、来て下さったの。」

両手を広げて近づいて来た彼女の瞳から大粒の涙がコロコロと転がり落ちました。

発問にも板書にも、深めた研修のあとが見られ、心の震えも温もりまでも実感させてもらいました。

校庭に出て仰いだ空は、一際高く青く澄み切っていました。

多くの方々に支えられた国語教師としての遠い記憶も色褪せることなく、私の心の中に生き続けています。

十四、ひょいと　あなたに

大上勝三

ぼくぼくひとりでついていた
わたしのまりを
ひょいと
あなたになげたくなるように
ひょいと
あなたがかえしてくれるように
そんなふうに　なんでもいったらなあ

八木重吉さんの詩なんですけど、人間ってひとりでは、ほんとうにつまりませんね。それがうまく受けとめられて、ひょいと返してくれたら、うれしいですね。

今、旧安佐郡は広島市になって、市国語研究会のなかまになりました。二十年も前から竹屋小に通って、現安田会長さん、田辺先生達に、ひょいと疑問をぶっつけては、うまく返していただきましたが、これからは、もっと多くの方達からまりが返ってくるでしょう。どんなまりを、ひょいと投げるか知りませんが、どうかよろしくお願いします。

これは、旧安佐郡が広島市に合併した頃、昭和四十九年に国語サークルに書いたものですが、もともと私は、既に広島の先生方の仲間に入れていただいて、湯の山の研究会にも参加していました。このきっかけを作って下さったのが広大附小の小川利雄先生でした。

小川先生は祇園小学校での私の授業研究を見に来て下さった時、

「大上先生、この授業は、いっさいやらなくて、子供達を運動場に出して遊ばせておいた方がよかったですよ。」

と、言われたのです。聞きようによっては、本当にきびしいご批評です。しかし、私は何かすかっと納得するものがありました。考えてみますと、一校時全部使って、文法の包丁で、僅か五行の文章を切りきざんでしまったからでした。自分の事前研究に自信を持っての取り組みで、先生だけは得々としていても生徒の方はそっちのけでした。

「先生分かりました。私が間違っていました。自分よがりで生徒の顔を忘れていました。これからもご指導よろしくお願いします。」

と、素直に言うことが出来ました。先生は、にっこりされて、

「大上先生、広島には優れた国語の先生方のサークルがあります。土曜日の午後が研究会です。祇園は広島市に近いから、そこに行って、いっしょに仲間に入れてもらいなさい。私からも紹介してあげます。」

このおかげで、私は広島市の先生方と出会う事が出来ました。「同席五百生」という、言葉があります。同じ席に坐わりあうだけで、五百回生まれ変わってこなければ、その縁が無いという事です。本当に出会いという事は、人間の一生を左右させるものだと思われます。私が国語人として、どうにか育てていただいたのも、この出会いからと思います。

単に坐わりあわすだけでなく、ともに同じ道を

歩む同志として、ひょいと投げる私のまりを的確に投げ返して下さるのです。特に湯の山の一夜はそうでした。ステテコ姿が正装で、私の探究心はかきたてられました。すばらしい指導講師の先生、分けへだてなく導いて下さる安田平一先生を始めとする先輩の方々、同僚の人達がおられたのです。ご恩の深さを、心から思います。

今も太河の会の一員として、昔の仲間の方達とともに、国語の道を振りかえり書き残そうとしています。書く事は不消滅。また、太河の会は無束縛、自由に自分の思いを述べる事が出来ます。無束縛、不消滅は安田先生のお言葉ですが、本当にいい仲間に入れていただき、感謝でこの稿を終わりたいと思います。

十五、時代背景と指導者、諸先輩の面影

片桐豊彦

今日、日本の国の状況を見るにつけ、古来から受け継ぐ我が国独特の精神文化が薄れいくことを残念に思うことが多くなった。

まず道徳的精神から始まって、礼儀作法や言葉遣いである。敬語・謙譲語・丁寧語の正しい使い分けもおろか、変な流行語やいい加減な言葉遣いが横行する現代においてその傾向が顕著である。外国文化の影響によって乱れ、不正確を生み出してきた事実は、このままほうって置くことはできないと思う。

丁寧語の遣い方、尊敬語の重複と一寸身辺に目

を向けてもその使い方に憤するを覚える昨今である。原始、万葉の時代から、文明開化に至るまで、日本人の心は、万葉の歌から始まって、短歌、詩、俳句の中で、強い感動、意志、雅びが伝えられてきた。それら大切なものが廃っていくことは、嘆かわしいこととなる。

私達が言葉遣いや言語に関心を持つことのできるのも、若年の頃から学んだり、多くの人達から影響を受けたりして来たからに他ならないが、日本の言葉は、いつまでも大切にしたいものである。私自身、国語指導に当たりながら言葉の大切さ正しさを理解し、児童・生徒へ受け継がせて行く事に傾注したものである。その努力はどれだけ受け入れられたかは解らないが、責任を果たしたつもりである。

広島市の小・中学校の国語教育研究会に所属して、いろいろと指導を受けながら、研究や実践に没頭したものである。その中でも今も印象に残っている指導者の方々も少なくない。その中でも特に取り上げるなら、話す・聞くの学習方法とか緻密な指導計画と丁寧な話し方で、児童・生徒の前に立ち向って行くことのできる指導法の研究と態度の大切さについて教わった、小川利雄先生の講話とか、野地潤家先生の文法を大切にした国語指導の中で、特に読解力、思考力を高め、心情を豊かにすることの重要性を中心に懇切丁寧な指導助言が心に残っている。また藤原与一先生のされた学び方を身につけることの指導、言葉遣いを大切にする心構え等を養う教師の必要性について、指導を授かったことなど、今も脳裏に印象として残っている。

実践現場にあっては、大上勝三先生であるが、先生は私の指導力不足な点を補ってもらう上での恩師と言えよう。国語指導の大切さ、取り組む熱意の大切さについて、真意を持って話して下さったことは忘れられない。

その中の一つとして、読解指導のあり方、進め方についてのご指導がある。それは一つの作品を理解していくためには、児童自身が、作品の中の主人公に成り切っていくことのできる、読む力を養う指導の大切さであった。

例えば、自分が物語の主人公であった場合、この場面ではどのような考え方や活動をしただろうかと疑問を投げかけ、いろいろと葛藤しながら場面を書き変える方法である。

その後、私は、教職に在職中この指導法を少しでも発展させるようにと、国語指導の要として、教育センターでも研究の対象とした。

多くの指導者、諸先輩の力は大きく、誰れもが受け継ぎ、後世に伝え残したものは、大切であって、消滅してはならないものと思っている。

戦後、半世紀余を経て、変遷の波は大きく揺れて、社会、経済、教育、諸々の科学文化と人々の生活は、進歩発展してきた。このような新時代の目まぐるしさは、従来の日本の生活様式を、大きく変えたようだ。

国家、国民全体の試練の時代から始まって、如何に生きるかと模索し、西洋文化の影響の基に、今日ようやく落ち着きを取りもどし、日本国民が一生懸命立ち上がることができたのが現実である。とは言え、世の中は、浮き沈みを持たらすことは否めない。

自由・平等・主権在民、この思想のお陰で現代においては、日本の国も世界に恥じない国際化を示している。この発展の中にあって、日本古来の独得な伝統や、精神文化を追いやりその影を薄れさせていると思えるのが実状である。

ここで顧るに、大切な道徳精神や礼儀作法、言葉遣いが薄れ、日本独自なものは外国文化の影になってしまった。

戦後六十年近く経過した中で、一番目立つのは若者の犯罪である。なぜ、今日これ程に国情が乱れて来たか、国民一人ひとりが責任を持って考えなければいけない問題と言えよう。国造りを進めるのはその国の人達である、家庭から始まって、地域社会の環境が良くなるも、悪くなるも国民の力である。

ここで、国々の発展は、その国の言葉の役割が大きいことは言うに及ばない。意志の伝達や教育、文化、科学他諸々の事柄を伝え合うには、正しい言語の働きが重要な役割を担っている。言葉の魅力や美しさ、正しさは、どこから生れ出るものだろう。使う人の心掛けからである。「言葉は体を表わす」、「言葉は心の見なり」と言われている。最近、若者を始め多くの人々の会話の中で、随分心の貧しさを感じるものもある。

人間は感情の動物である。人間の心の読み返しが大切である。相手の心を、自分の心として読み変えてみる。その方法の解らない人間が増えているのではあるまいか。自己中心の考え方から、他人を思いやる心の余裕と心の豊かさを養っていく必要があると思う。

食生活、家庭生活と社会変革が起きつつある、同時に人間関係も変わってきている。振り返って見るに、周囲の生活環境の変化に伴い、それの影響を受けるのは人の心である。モラルがどうあるべきかが問われているように思う。

大人、子供の関係に目を向けて見よう。昔から「狼が人の子を育てた」話を思い出す。人間が人間らしく生きる根本は人間の生き方を教える大人である。大人の役割は、これからの時代の継承者を社会、文化、科学の発展へ正しく導き、国語を尊重し継承する態度や表現、理解の能力を育てるよきアドバイザーとしての責任を持っていることである。このことを認識しなくてはならないであろう。

我々が、学生時代を経て、教師として活躍できた時代から月日は過ぎ去った。幾人かの先輩諸氏の力によって今日があるのだと、つくづく懐かしく偲ばれるこの頃である。

第11回 国語教育夏季講座（昭和46年度）
湯の山　白雲閣

第三章　歩んできた道

一、あかあかと一本の道とおりたり

――この出会いありてこそ――

向井信之

国語人という言葉を使うと仲間以外の人は「そんな人種があるのか」と皮肉まじりの言葉を返してくることが多い。しかし国語教育にかかわってきた私にとっては、自己認識と充足感をもたらす、いとおしい呼称である。

教師生活四十年さまざまな教育活動やジャンルがあったが、やはりその中核として国語教育があったことは、私の教師生活をより豊かで多彩で楽しいものにしてもらったことは、間違いのない事実である。

「標題」の「あかあかと一本の道とおりたり」は、斉藤茂吉師の「あかあかと一本の道とほりたり　たまきはる我が命なりけり」（あらたま）（原文のまま）から抜萃し拝借したものであるが、私にとって国語教育は、まさに「一本の道とおりたり」であり、「我が命なりけり」であったように思う。その思いがこの秀歌に凝縮されている。国語人として生き得た幸運をしみじみと思うこの頃である。

テーマは「人、この素晴らしき出会い」ということであるが、出会いとなれば「いつ」「どこで」「だれと」「どんなことを」という組み立てで書き進めることになろう。遠き日からの道程を懐かしみながら想起してみたい。

私は少年期を安芸郡倉橋町本浦で過ごし、倉橋小学校を卒業した。千二百六十数年前の天平八年聖武天皇の御代に、遣新羅使の大石蓑麿卿一行が、長門島（今の倉橋島）に寄泊して詠じた八首の和歌が、万葉集巻十五にある万葉集ゆかりの地である。

「わが命を長門の島の小松原幾代を経てか神さびわたる」等の八首の刻まれた歌碑を見て育ち、その白砂青松の浜辺で泳ぎ戯れたものである。そうした文学的土壌に育まれた少年期であった。私の四年生の時の担任増田真三先生は、師範新卒の文学青年教師であった。生活綴方華やかなりし時代であったかと推察されるが、作文に熱心な先生であった。よく作文を書かされ、各種のコンクールや新聞に応募していたように思う。全国規模の作文コンクールに二度も上位入賞した思い出がある。その経験は私の文学好みの性格形成に大きな影響があったように思える。

呉の旧制中学校へ入学し、のちの京都大学教授の入矢《いりや》義高先生に国語の授業を受けたが、大きい感化があったように思う。京都学派の澤潟《おもだか》久孝先生や遠藤嘉基先生の著書を早くから目にするようになったのも、その影響かも知れない。広島師範学校に入学したが、丁度官立に移管し、専門学校に昇格した時期であった。他の旧制高等学校や専門学校に遜色なきように、学力や学風を高めるべく意欲に満ち溢れていた。真川《さながわ》淳教授に国文学や国語学のご指導をいただいていた。その学究は勿論、そのお人柄や風貌はあこがれに似た思いのものがあった。個人的にもいろいろと直接ご指導をいただき、文学や国語学への興味や関心はますます強くなり、幸せな学生生活を享受していた。

しかし国語人としての出会いは必ずしも善きことばかりではなく、禍福は糾える縄の如しの諺どおりの負の出会いもあった。思いがけない事態が発生した。昭和十九年初頭であったかと思うが、専門学校らしい学生活動を目指して、文芸趣味の数人が文芸機関紙「しののめ」を編集発刊した。純粋で意欲的な昂まりの過程で生まれたものであった。私も好きな短歌を数首寄稿した。観念的で模倣に近いしかも対象もないのに相聞歌風な叙情歌であった。戦時下の殺伐とした中でのロマンへのあくがれであったのかも知れない。三学期の始業式で学校長が突如「文筆を弄するなかれ。軟派文学に溺れる輩は、戦時下の青年学徒にあらず。弾《た》丸《ま》の爆《は》ぜ、硝煙の匂う戦《いくさ》の歌であり、忠義の文学や短歌であり哲学であらねばならない。おしゃべりをやめよ。」との厳しい訓示があった。我々は驚き恐怖に震え五体が崩れ落ちる思いであった。特に短歌と明言されたことは私以外の誰でもなかった。絶望の淵に突き落とされた思いでかろうじて立ち尽くしていた。戦の善し悪しの客観的認識も判断も未熟であったが、祖国を守る愛国心と覚悟はそれなりに持っていた若者が、非国民呼ばわりされたことは当時としては悲しく辛いことであった。学校の無理解を悲しく思い次第に激しい怒りが込み上げてくるのをじっと押さえた。後から聞いたことからの私の推察であるが、この事件の背景には前提があったように思える。半年ぐらい前に朝会で学校長の講話があった。その内容は記憶に薄いが、その中で「私の子も南の海の戦いで国の為に殉じた。」とポツリと言われた。愛息の戦死という事実を聞いて、胸がつまりお気の毒に思った。親としての複雑なご心情を察して、私は次のような拙い歌を作った。

「吾子もまた海に散りきとことなげに　のたまひし師の声ぞうるめる」。ところがこの歌が某紙上に活字として載った。それをたぶん目にされた学校長は、不快の念を持たれたのではないかと推量する。「声ぞうるめる」の結句が私の勝手な感受と表現であり、当時としてはご迷惑であったかと思う。親としての複雑なご心情を察して、お慰めしたいという精一杯の善意ではあったのだが、逆の事態になったようである。そういう前提があって、重ねての軟派脆弱の短歌とあって怒りが爆発されたのではないかと思う。今冷静客観的に振り返って見ると、私にも非があったことは認めざるを得ない。むしろ六十年近く経た今でも一語一句を鮮明に覚え、選ばれ凝縮されたリズミカルな言葉に、さすが大校長と感服もしている。しかも当時は戦時下であり、国家存亡の局面であって、現在では想像もできない程の言論統制や出版物規制があった。そうした規制違反に抵触して摘発され、学園に混乱を招くことを恐れ、未然に防ぐ為の過剰な学校側の反応であったかとも思える。そうした善意の解釈ができるようになる為には、十数年の時間が必要ではあったが。

学校長の訓示の他に、某教授に不忠の徒と罵倒された以外に、個人的な追及も殆どなかった。また私の学業成績評価にも、全く影響も無く従前と同じ評価を保つことができた。あれほど学校長の怒りに触れ、覚悟をしていたのに不思議な現象であった。ともかくそうした事件により心理的に四面楚歌の中で、萎縮し落ち込んでいた私に真川教授が唯一人「時が必要である。自重するように」という意味のことをおっしゃって慰め励ましてくださった。声をあげて泣きたいような感動を覚えた。それから真川先生を敬慕する念はますます強くなっていったのは当然である。卒業後も愛弟子の一人に加えてくださっていたように思う。いろいろとご指導ご愛顧をいただいた。昭和二十四年頃だったか、はるばる島の拙宅までご来遊くださり、ついでに気軽に島の教師仲間に講演をしていただいた。しかしその頃既に先生は被爆の後遺症に苦しんでおられた。拙宅にお出での時にも、そうした体調の様子が伺われて心配でならなかった。後年私宛のお手紙に「原爆症の一徴候の由にて全く前途は暗しです。」と書かれてあった。そうしてまもなく原爆症の為に夭折された。導きの巨星を失い茫然自失、悲しみが長く続いた。

真川教授は戦後まもなく「国語懇話会」を作られ国語教育や児童文学教育の活性化にリーダーシップを発揮された。昭和二十四年に先生主宰の「こくご通信」を編集発刊された。（「歩み」前号に紹介）

児童の読物指導、作文、詩の作品室、教師の指導のしおり等を内容として、敗戦後の廃墟になった広島の地に児童文化復興の灯を掲げられた。私も編集委員として手伝わせていただいた。真川先生とのすばらしい出会いは惜しくも短かったが、私の長い国語人生活や活動の場面の背後に、痩身白皙の先生がいつもいてくださって、励まし導いてくださったように思う。

蛇足だが「しののめ事件」以後、私は少年期から親しみ馴染んできた短歌に決別をし、作歌は一切止めた。それから四十年の年月を経た定年後に、その傷心も漸く癒えて、思いを変えてアララギ（今は新アララギ）に再入会して、作歌に生き甲斐を求めている。それほど大きい痛手であったのである。

私は昭和二十五年に広島市立青崎小学校へ転任し、広島市の国語人の仲間入りをした。造詣が深い多くの大先輩に接することができるようになった。田舎者の私にとって多くの実力者は、綺羅星の如くに見えた。その中で特に生涯忘れ得ない、すばらしい出会いの先生方がおられる。関本正治先生、田辺正先生、安田平一先生である。

関本先生は詩情豊かな文学的センスの鋭い先輩であった。いつも温顔を以って接してくださり、紳士的な気品のある方であった。唯国語教育という範疇だけでなく、文学的な基盤から滲み出る国語教育を教えてくださったように思う。前述の真川教授主宰の「こくご通信」の編集者の中心的存在であり、私もその一員に加えていただき、いろいろとご指導ご愛顧をいただいた。田辺・安田先生とともに広島市の国語人のリーダーとして活躍されていた。しかし現職の時病魔に倒れられ早世されたことは、心残りであり惜しい限りであった。

田辺正先生は作文教育の権威者であり、広島県作文教育研究会長でもあった。県・市のリーダーとして活躍された。『文集ひろしま』の生みの親であり、編集委員の中核として尽力された。広島県教職員組合の委員長もされた。清濁合わせ飲む包容力のある魅力的なお人柄は、多くの後輩が畏敬し頼りにしていたお方であった。若輩の私を常に表に出してくださり、『文集ひろしま』の創刊から編集委員に推挙してくださった。広島県作文教育研究会でも第一回大会から授業者にしてくださり、勉強の機会を与えてくださった。昭和二十九年に広島市で第一回作文教育西日本研究大会が本川小で開催された。中国・四国・九州から十二人の授業者が選ばれたが、当然田辺・安田先生がそれに当たられるべきなのに、若輩の私に「広島代表として授業をして勉強したまえ。後押しはしっかりしてやるから。」とおっしゃって大きい舞台での勉強の機会を与えてくださった。すばらしい出会いの田辺先生であり、その恩愛を忘れることはできない。

安田平一先生は私の広島市最初の赴任校青崎小学校でお会いして、直接ご指導をいただく幸運に恵まれた。安田先生とは妙にご縁が深く、私の母校倉橋小学校に新卒で赴任されたご経歴があった。その当時私は旧制中学生で部外者であったが、「師範学校トップの偉い先生じゃげな」という噂を耳にしていた。学校文集「さぼてん」を発行されて、島の子の作文向上に努力されていることを洩れ聞いていた。それから師範学校の専攻科に進学され、付属小学校教諭に抜擢されて、私の教生時代にはご指導をいただいた。その後青崎小学校に転勤されておられたわけである。身近にすばらしい先輩を得ることができ、それこそマン・ツー・マンで国語教育のご指導をいただき、長年のご縁が生ずる幸運に恵まれた次第である。以後安田先生おわす所には影の如く付きまとい、多くの勉強のチャンスを与えていただいた。第一回の広島県国語教育研究協議会から始まって、毎年のようにある大会に必ずといっていいほど、ご一緒に授業者となる光栄な出会いを持った。作文通信の生みの親であり関本・田辺・宮原先生等の主要メンバーと協力されて昭和二十九年に第一号を創刊された。第一号はガリ版印刷で、田辺・安田両先輩に命ぜられて、私が地元のプリント社に発注して作製発行したものである。若輩の私に大仕事を任された安田先輩の私への信頼を改めて謝する昨今である。安田先生はその経歴からも察せられるように、国語教育の泰斗であり国語人のリーダーそのものであるが、ご器用な方でガリ版印刷は玄人顔負けの達人である。主宰されていた「ひろしま作文の会」の研究内容をお一人でガリを切り印刷をされ「作文研究ひろしま」として、各学校の国語主任に配布されていた。色刷りのなかなか美しく克明な冊子であった。貴重な実践記録として残されており、安田先生ならではの功績であろう。今なおご健在で、この太河の会編『広島市小学校国語教育の歩み』の生みの親として、リーダーシップをとっていただいていることは喜ばしい限りである。

広島市関係ではないが、広島県教育委員会の初代国語科指導主事の末田克美先生は、私の国語人としての生涯を決定づけてくださった大恩人である。全国大会、県大会は広島市で開催されるケースが多いが、その中核として末田先生のご尽力ご苦心は大きいものがあった。広島県国語教育連盟の設立や、第一回広島県国語教育研究協議会の開催についても、先生のご熱意とお力によって得られた成果である。私は研究大会などの度毎にご指導をいただいていた。たまたま国語教育の名門県の、香川県の坂出付属小学校での西日本国語教育研究会にご一緒したことがある。同じ宿に泊まりいろいろと歓談する機会を得た。小さな香川県が中央から石森・石黒・倉沢・篠原・平井の五氏を招き、中央大会にも比すべき大会を三回も重ねて、名実ともに西日本の国語教育の、主導性と実力と風格を備えていることに対して、広島も人や施設において香川県に劣るとも思えないので、大いに国語教育を振興したいものですねと申し上げた。県の国語教育のトップの先生に、若輩が臆面もなくよく申し上げたものだと思う。しかし末田先生はにこやかに笑みを浮かべられて「うん、そうじゃそうじゃ。これから一緒に頑張ろうや。」と頷いて受け止めてくださった。寛容なお心の持主だと強い感銘を受けた。それからご指導を受ける機会が多くなり、だんだんと公私ともに親しくしていただいた。その学識の豊かさと深さに強く刺激を受けるとともに、高潔誠実で慈愛に満ちたお人柄に、ますます敬慕の情を強くしていった。

ある年に「県教委に入って一緒に仕事をせんか。」と誘ってくださった。現場に未練があり、自信もなかった私は躊躇し、結局辞退させてもらった。その翌年にも声を掛けてくださったが、決断できずに二年の時を過ごした。そして「三度目の誘いになるがどうか。これが最後だぞ。」とおっしゃってくださった。三顧の礼に譬えるのは、分を弁えないことで恐縮だが、二度ならず三度も誘ってくださった先生のお心に感激し、胸が詰まる思いであった。未知の世界である県の教育行政に、入る決意をしたのは昭和三十九年であった。私の大きな転換期であり、斉藤茂吉師の「あかあかと一本の道とほりたりたまきはる我が命なりけり」の心境に似たものであった。ところが先生はこの年に、私の住む安芸郡府中町の南小学校長に栄転され、続いて中央小学校長を歴任されたのである。ご一緒にということにはならなかったのが、少し残念ではあった。先生の学識とお人柄は、県内の国語人の崇敬の的であり、その偉業威徳は県内に普しの感があった。末田先生のご恩情が、昨日のように鮮明に思い出される。六十歳半ばでみまかられたが、その早世を惜しむ者は私だけではなかった。書の大家でもあられたが、私の書斎の机の真正面に、先生直筆の「和顔愛語」を掲額して、毎日拝誦しその恩愛を感謝し、先生とのすばらしい出会いを懐かしんでいる。

この稿を進めていると、最近中国新聞に（『赤い鳥』の夢）という鈴木三重吉の特集が連載されている。また一月三日には第五十四回鈴木三重吉賞の、作文と詩の入選者が発表され、特選作品も次々と紹介されている。この中国新聞社主催の伝統と歴史のある作文コンクールは半世紀を経てきたが、私はその初期から現在まで、地方審査員をさせてもらっている。年一回の審査であるが、そのメンバーとの出会いは、楽しく啓発されるものが大きかった。しかし小川利雄先生・下村赳夫先生・関本正治先生・田辺正先生・宮原健治先生など今は亡く寂しい限りである。

昭和五十五年十一月に第二十八回全国国語教育研究協議会（全国大学国語教育学会、中国地区国語教育研究会、共催）が私の勤務校の中島小学校を会場校として開催された。県教委に入るまで毎年のように、研究会で授業者か発表者として、勉強の機会を与えていただいていた私にとり、ご恩返しの時であり、また国語人としての集大成と思って、運営や会場設営を懸命にさせてもらったことは、終生忘れ得ぬ緊張と感激であった。数多くの国語人との出会いがあり、大きな収穫を得て責任を果たし得たことはうれしいことであった。ご協力いただいた広島市の国語人や中島小学校の先生方に感謝の意を表したい。

こうしてすばらしい出会いをたぐりよせていると、あの方この方と次々に思い出されて、尽きることがない。直接ご縁のあったT先生、F先生、N先生、B先生とアルファベット二十六文字全部が並ぶほど、多くの方々とのすばらしい出会いがあった。あの人の事を書けばこの人もと限りがない。拙稿を読んで「あれほど助けてやったのに、私を忘れているじゃないか」とお叱りの方もあろう。その人こそ私とのすばらしい出会いがあった方だと思う。

また教師冥利につきる思いの、すばらしい教え子との交流が今なおたくさんあり、国語教育活動という場面での思い出も多いし、教え子たちもそれをよく口にしてくれる。一番大切な子供たちとの営みを、書かなかったことは心残りであるが、筆を擱くことにする。

二、四十年の回顧

綿崎英之

国語教育に関心を持ちこれまで歩んできた過去を振り返り教壇に立った者として、諸先生から指導いただいたこと諸先輩から学んだことは枚挙にいとまがない。教えを受けたことをもとに自分が実践・実施したことについて特に強く残っていることを記すことにした。

○初めて参観した研究授業

四月に就職して一学期の終わりごろ、安佐郡内のある小学校で郡内の国語教育の研究授業が開催された。郡内の小・中学校の国語担当の教師が四十数名授業を参観した。

研究協議に入ると、斜め前の席に座っている男の先生が国語辞典を開き指導案を見ながら赤鉛筆で書き込んでおられる。よく見ると指導案の空いている箇所にも板書が写されている。後で分かったのであるが中学校の校長であった。協議会は授業者の反省から始まり、参観者の授業に対する質問・意見・感想などが述べられた。初めて研究授業を参観した自分にとっては、先生の発問・児童の動き・活発な発言は国語の授業の模範を見たようで感心していた。

研究協議会の終わりごろになって、中学校の校長先生から次のような発言があった。

板書は授業の流れが分かるように計画して書くこと

先生の書く文字は絶対に筆順を間違えないこと

指導案に誤字・脱字のないこと

児童への問いかけは、多様な答がでるような発問であること

このようなことについてかなり厳しい指摘があり、一時間一時間の授業がいかに大切であるか実感した。

このことは、国語の授業のみならず他の教科にも通じる基本的なものであると肝に銘じ、それ以後その校長の言を心にとめて実践を試みた。そして、研究授業を行わなければならない時には板書のことが念頭にあって、前日黒板に一通り書いて参観者や児童には確認できない程度に跡を残して授業に臨んだこともある。しかし、授業は児童の発言によって予想通りには進まないし、発言を取りあげ板書することもしばしば、授業するということは児童の心と授業者の心の交流であることを思い知らされた。

○めざめた研究授業

六年目の十月、安佐郡国語教育研究会主催の研究授業を行う機会が与えられた。参加者は郡内小学校の国語担当の先生が主であった。指導・助言には広大附小・今石光美先生にお願いされていた。

題材は「魚の感覚」（学図五年下）をとりあげ研究授業を実施した。この題材は説明文で、学習内容は「段落の要点を正確に読みとらせる」である。説明文は問いかけがあって実験・検証し結論を導

き、最後の段落で全体のまとめという文章構成である。

授業の展開としては、「魚には色、におい、音が分かるのか」の設問を提示して、文章の流れに沿って要点・結論を読み取らせる指導計画をたてた。本時の授業は「いったい、魚には、色がわかるのでしょうか」の問いに対して、どういう実験を重ね結果として何がわかったか、小段落ごとに読み取らせる指導過程をたて授業を行った。

授業後の研究協議で、助言者から、二・三時限も本日の授業展開と同じような授業となるのかの質問に対して、だいたい同じ形の指導過程を考えていると答えた。そうすると助言者から、それでは授業が平板になり児童の興味と読み進める意欲が半減すると、かなり厳しい意見をいただいた。そして、私だったらこのように指導計画をたてると、次のように話された。

この題材の一段落で「金魚は、赤えびの赤い色に目をひかれたのでしょうか。それとも、えびのにおいをかぎわけたのでしょうか。それとも、投げこんだときの、かすかな音を聞きつけたのでしょうか。」の問いがあるからその段落を読ませて問題意識を起こさせておき、一番最後の段落「水の中を、無心におよいでいるとしか思えない魚が、こんなすばらしい、いろいろの感覚をもっているというのは、面白いではありませんか。」を読んで、「こんなすばらしい、いろいろの感覚」とはどういう感覚か、知りたい、分かりたいという意欲を盛り上げて授業を展開する。

私は、文章は冒頭から順次読み進め、理解し論理を追い作者の意図を掴んでいくのが通常で、始めと終わりを読んで問題をもち読み進めるのは特殊の場合ではないかと反論した。先生は、児童が興味を持ち主体的に題材を読むには、発想の転換も要るのだ、文句があるなら授業に磨きをかけるのだ、と厳しい指摘をいただいた。

これを契機に国語の授業をする、読み取る力をつけるとはどういうことか考える場を与えていただいたと思っている。国語の授業をするとは、担任している子どもの読み取る力の実態を把握し、そのうえにたって自分の授業を構築し、結果として子どもに読み取る力がついていることが究極のねいであると自分自身に言い聞かせた。

題材「魚の感覚」…　一部

金魚ばちの中で、金魚が無心に泳いでいます。そこへ、金魚のえとして、赤えびの一きれを投げてやると、水底にいた金魚まで、それをみつけて集まってきます。金魚は、赤えびの赤い色に目をひかれたのでしょうか。それとも、えびの匂いをかぎわけたのでしょうか。それとも、投げこんだときの、かすかな音を聞きつけたのでしょうか。

（中略）

水の中を、無心に泳いでいるとしか思えない魚が、こんなすばらしい、いろいろの感覚をもっているというのは、おもしろいではありませんか。

○復活した「安佐作文の会」

安佐作文の会は、当時の安佐郡国語研究会会長の発案で発足し、教科に関係なく作文指導に関心のある先生の集まりであった。子どもの作品を毎月一回持ち寄り、広島大学・野地潤家先生の指導で研究を重ね、子どもの考え・思考を育む学級づくり、作品を見る観点、指導計画・導入・展開・評価等について貴重なご教示をいただいた。

その頃は、中央でも地方でも作文指導について、生活綴り方か作文かの議論がなされていたように思う。日々子どもと向かい合っている私たちは、作文指導を基本的にどう考え、子どもの内なるものをどう引き出して表現させるか揺れていた。しかし、先生のご指導で自分としては、作文を書かせることは、子どもの生活経験や考えを具体的に表現する、書く素材の中に喜びとか悲しみなど情緒的感情が底流にある、感じたこと思ったことをありのままに自分の言葉で書くことであるを基本におき実践に心掛けた。自分の場合教える科目は音楽・家庭科を除いてすべてで、教材研究・事前の準備・評価等ままならなかったが先生の一言一言は私の心に深く残っている。

時代の流れで広島市の広域合併が進められ安佐郡全域が広島市の行政区となり、「安佐作文の会」は自然消滅し、広島市小学校教育研究会の傘下で研修活動がしばらく続いた。そうした中で、「安佐作文の会」の指導・助言をいただいていた広島大学・野地潤家先生から、長年続いた「安佐作文の会」復活の声を掛けていただいた。

有志が集まって協議し復活させることに話がまとまり組織・運営について計画をたてる。そして、広島市小学校国語教育研究会会長の承諾を得て「作文指導の会」として再出発する。指導・助言を野地潤家先生が引き受けてくださり広島大学を退官されるまで毎月一回ご多用の中を出向いていただき指導・助言を受けた。

会員の実践報告の中から、作文が生まれる土壌はその学級の中で、子どもが思ったこと、考えたこと、感じたこと等自由に言える学級作りが基であること、書くことによって自分を厳しく見つめ、成長させることになるということを学ばせていただいた。

また、実践報告の指導と併せて輪読も行った。『子どもを生かす作品研究』亀村五郎著（野地潤家先生紹介）の輪読は、作品研究とはどういうことをするのか、その在り方について演習と講義及び個人研究・共同研究の場合について細かく指導を受けた。これは、日々の授業に即役立ち作文指導に意欲をわかした。その後『子どもを伸ばす作文の書かせ方』『子どもをはげます赤ペン　評語の書き方』いずれも亀村五郎著（野地潤家先生紹介）を実践報告と併せて輪読する。

そして、子どもに作文を書かせるということは、自分の直接経験を自分の言葉で自由に書く、生活文を通して自己を表現し書くことによって自分自身を高める、生活に必要な国語を正確に表現する力がつくを学級経営のねらいにおき授業に生かすよう互いに工夫努力し実践を続けることができた。この本に書かれている内容は明日からの授業実践に即生かせる事柄で一読に値する本である。

振り返ってみれば多くの先生から恩恵を受けているのが蘇ってくる。同期生の高田亘さんには広島市へ合併前、国語夏季合宿・研究会等に講師として迎え指導・助言を受けた。また、模範授業を依頼し快く承諾してくれて、一時限の指導過程を参観しながら、教材研究の観点、子どもの活動のさせ方、教師の問いかけ等多くのことを学ばせてもらった。それから、広島大学森井一幸先生には書写指導について、書写の基礎基本から手解きしていただき自信を持って子どもに教えることができた。くわえて県美展へ出品する作品作りに没頭して充実した時間を過ごしそれなりの成果が上がったのも喜びとするところである。

四十年間の教師生活を送ることができたのは自分一人の力ではなく、多くの良き指導者・先輩・仲間・周りの人々との出会いによる厳しい指導、励ましが教える情熱を燃やす原動力となっていた。過ぎし日を想い出しては、感謝の気持ちで日々を送っている。

三、お助けを得て

安田平一

(一) 国語の力を

今、手もとに「昭和四十年度、六年、実力をつける国語科標準問題」と「昭和四十二年度、六年国語、復習と完成」がある。

児童の学力増進を思い、西日本書房を起こし各教科にわたってこうしたものを発行してくださった鈴江信二氏の志を想い、現場に在った身にとってまことに有難かったことを思う。

鈴江氏は昭和十年に広島師範学校を卒業され、間もなく満州国に赴任、彼の地で教鞭をとっていられたと聞く。終戦後、帰国され、暫くは出身地の呉市に居られたが、一念発起なさってか広島市に来られて、主としてテストブックを作成する会社「西日本書房」を起こされる。

温厚なお方で常に微笑んでいられてよくはわからなかったが、心中には、この国復興のためには次代の青少年に真の学力をつけておかなければ——との思いを強く抱いていられたのではなかろうか。今にして、そう思えてならない。

当時既に中央ではいくつかのテストブック風のものが作られ、この地の書店にも並んでいた。が、それらは、検定制下のいくつもの教科書のそれぞれに万遍なく対応しようとした所為でか、何となく頼りなく程度も低いと思われるものだった。

「この地には、この地で採用している教科書に合った独自のものが要る。真に力をつけ得るものを児童に与えよう」が、鈴江氏の思いであっただろう。

テストの原稿作成は現場教師の手で——ということで、各教科(はじめは国・社・算・理の四教科)の研究会長に人選依頼。それぞれの会長さんは、廃墟の地なればこそいっそうに良いものをと希われ慎重に担当者を決められる。西日本書房側は採算は二の次にして良心的発行を計られる——そうした情況での発足だったろうと思える。

熱意をこめての発足ではあったが始めから採算のとれる状態ではなかったであろう。常に改善も図られる。そして現場では、使用によって学力が高まるとの思いが徐々に増していった。

そのころは「知能テスト」も行われる時代で、評価にあまり抵抗はなかった。能力測定は人権侵害だなどと言う人も少なかった。

半面、「テスト実施（勿論、強制ではなく希望によって）によって国語力を堅実に上昇させなければならない」ということで、テスト問題の質が問われ作成には厳しい目が向けられた。

ここに「昭和四十五年度〝復習と完成〟原稿作成についての御願い」という通知状がある。これには

○発行回数——六年三回（六月・九月・十一月）
　五年一回（十二月）

○要領——テストは厳正な評価のため、あいまいな解答をさけてください。特に順序不同の正解三つ（例えばロハニでもニハロでもよい）などの答えをさけてください。所要時間、配点を明示の上、解答を朱書してください。……

などとあり、厳しさの片鱗がうかがえる。なお、この時の担当者は、六年用——土川信人・土屋隆夫・安田平一、五年用——細井迪と記されている。

問題作成担当者は多忙を推して努力し多くの同僚の意見もきいて作成に当った。

その厳しさと、営業側の堅実な経営とにより、または教育への好影響が認められることにより、販路は拡張し、広島市内全域・近隣町村、呉市や山口県東部まで及んだことがあったとか。私たち

は満足であった。

けれども、昭和後期頃より種々の事情によりテストブックの採択が減少してきた。

鈴江氏を中核にして高い理想のもとに継続されて来た教育営為も残念ながら衰退の道を辿ることになる。

隆盛の頃の「打ちあげの会」では阿波踊りを披露された、晩年は足の弱り防止のため福屋デパートの階段を上り下りすると言っていられた鈴江氏も喜寿を待たずして亡くなられた。

しかし、残された精神を受けついだ人達によって今も尚、西日本書房の営為は続いている。時移り、国民も目覚めて、また、堅実な実力養成の教育活動が復活することを願ってやまない。

(二) 作る力を伸ばす

今年も三月初めに「平成十四年度版・広島市児童文集『文集ひろしま』第四十八集」を届けてくださった。

そのあとがきに「今年も『文集ひろしま』第四十八集ができました。四十八年間、一年も休むことなく発行され続けてきた文集は、全国的にみてもあまり例がありません。すばらしいことだと思います。今年も、一年生から六年生までで約四千七百点あまりの作品が寄せられました。……(比治山小・野間)」とあるを読ませていただいて、第一集から係わりを持って来た者としていささかの感慨に耽った。

原爆投下――数知れない人の被爆死――茫々果てしない被爆野――虚脱からの立ちあがりは不可能とも思われた広島だった。が、生き残った人・帰った人・引揚げた人たちが相協力して徐々に立ちあがる。

広島での学校教育分野の第一声は、昭和二十一年六月の「広島児童文化振興会」の発足であろう。その会が先ず手がけたのが、少年少女の学習補助読物としての「銀の鈴」の発行（同年八月）だった。

広島の児童生徒のためにと発足した「銀の鈴」だったが、二番目に依頼した印刷社の営業方針によって昭和二十六年六月には残念にも「児童文化振興会編集」の名は消えた。――しかし「銀の鈴」は販路を広め全国的となりその後数年つづく――

その頃、人間形成を目指す作文教育は全国的に盛りあがっていて、広島の地にも作文教育の振興を図る気風が旺溢していた。昭和二十六年には実践人の集まりとしての「作文クラブ」（自由参加）が誕生し、機関誌として「作文研究・ひろしま」（ガリ版刷り）を発行している。

この研究誌は、相互に持ちよった児童作文とその合評状況・教育的視点からの意見等を掲載したもので、会員に配布と共に各学校国語主任宛（参考資料にしていただこうと）にも届けられた。

そのうち、「作文研究・ひろしま」を教育現場の教師にお届けするだけでは不充分だ、「児童の手に渡し得る補助教材風のもの」を刊行してはどうだろうという意見が出て、昭和二十九年六月に「作文通信・第一巻」（ガリ刷り印刷・青崎プリント社）が刊行される。関本正治先生、田辺正先生や、当時青崎小にいられた向井信之先生等の大変なご努力によっての誕生だった。――第二巻からは、年六回刊行、広鉄印刷社に依頼しての活字印刷になっている。

続いて、素晴らしい児童作文が多く生まれているのでそれらをまとめて「広島市児童文集」を発刊してはどうだろうということになり、その秋、中学校にも呼びかけて作文募集をした。

選をし編集刊行したのは昭和三十年二月だった。「広島市児童生徒文集『ひろしま』第一号」（編集発行・ひろしま作文の会）がここに誕生した。印刷は広鉄印刷社。

当時既に、県内全域に呼びかけての「広島県小・中学校児童・作文集」（夏・冬二期。県教職員組合事業部刊）が出されていた。その組合側から早速、人（三―四名だったと思う）が来て、「傘下に」との強い申し出があった。が、市側は土川信人・吉井敏明・向井信之氏等で「市は市独自のものを作る」と申し出を断った。

このことによって、現在がある。今にして、県教組傘下に入らなかったからこそ五十年近くも継続出来たのだと思える。

このようないろいろのことのあった頃、鯉城製版社長のT氏から「文集関係の仕事を自分にさせてほしい」との意の申し出があった。

ありがたいことであった。

『文集ひろしま第二集』（昭和三十一年二月刊）からお願いしている。

「作文通信」も三十一年度分からお願いしている。

T氏は壮年気鋭の実業家。もともと広島図書の重役であられたらしい。同社が広島の地を離れるに及んで、個人で独立して印刷社を興されたらしい。

そのT氏が、爾来五十年近い年月の間、広島県小学校国語関係刊行物を精版し続けてくださった。

研究会の方では『文集ひろしま』「作文通信」を中軸に、国語会報・研究集録・同好会だより等の小さな刊行物に至るまでお願いしてきた。精選された単行本としては『ひろしまの子の作文のすすめ』『ひろしまの作文教育』『随想集・春雷』『文集ひろしま25周年記念抜粋文集』等もある。

T氏のお仕事は綿密細心でぬかり無く、紙面構成は厳格、句読点符号の細部まで厳重留意して下さる。文集印刷に当たっては、各学年提出漢字全部を頭に入れていられて使用についての注意をして下さるとか、地方語・幼児語があれば該当児童の学校に出向いて確かめて下さる等のこともしていただき、編集者自身が教えられることが多かった。

常にスクーターを乗り廻して全市の学校を走り廻られ、連絡を密にしていられた。

市小学校関係の刊行物は当初から学校での直販形式をとっていた。その仕事も教師を通じてご自身でなさっていて大変だったろうと思う。当人が来られるので受ける側は安心感を持っていたようだ。なお、ご自宅を鯉城精版社にしていられる。

現在、学校での個々人の自由購入は平等の立場から問題があるとか言われて直販形式は一部の人からの排撃をうけ、文集発行も苦境にあるといわれる。

しかしT氏は「五十集までは是非、それが念願」として力を入れて下さっているとか。

半世紀にわたる長い長い間のご恩、なお未来を思ってくださるありがたさをわれわれは忘れてはなるまい。

（注、T氏＝津川正美氏）

四、だれにでもできる作文指導を

細井　迪

○作文　このよいもの

「先生ありがとう。お母さんが喜んで…」と、にこにこしながらT子のさしだした詩

　夢の父
あのやさしい父の笑顔
アッ　外でことこと足音がする。
「帰ったよ。」と父の声
もっと顔を見ようと思うと
消えちゃった。
（「中国小学生新聞」に掲載）

そこから、私の作文指導は熱を帯びた。

「いい場面をとらえているね。」「ここのところはよく見ているね。」「悲しい気持ちがよく伝わってくるよ。」などなど、表現にそってほめながら進めた作文指導。徐々に、すすんで表現する子どもが育ってきた。

　そのころ、私は、衝撃的な一冊の本『新しい綴方教室』――国分一太郎著、昭和二十六（一九五一）年二月刊――に出合った。

　本書の構成は、綴方、このよいもの／すなおな道／くわしくかく／ねうちに向かうこころ／ごくあたりまえのことでも／綴方の中の子ども／ふたつの現実主義／ねらいのある文章／表現指導のいろいろ／指導の記録のとりかた／学年別の綴方指導／文の研究・生活の研究／綴方の生活教育／児童詩の考えかた／児童詩のみちびきかた／文筆活動のべつの側面／だれもが、すらすらとかく／必要に走る子どものペン／子ども学者の新しいペン／子どもたちの文学的活動／の二十話と、附録子どもの文章病院から成る。

その中に書かれた

きのう私は、私の家のうらの、私の家の畑の、私の家の桃をとってたべました。

なんべんもくりかえす「私の家の」は、かんたんに、削りさってよい、よけいなコトバではないのである。このモモは、けっして、「よその家の畑の、よその家のモモ」ではないのである。まさしく「私の家のモモ」なのである。かつて、他人のものを盗み、ドロボウ気があると、うたがわれている菊池松次郎の心理状態を知っている、細心な先生だけが、この綴方の深い意味を知ることができる。そして、かんたんに、この「私の家の…」を削りさることをしないだろう。」（3ページ引用）の文章などから、作文指導の望ましいあり方とともに、作文教育は人間教育であるとの認識を痛感することができた。

○だれにでもできる作文指導を

昭和三十六（一九六一）年八月、広島市国語教育研究会主催「第一回国語教育夏季講座」（佐伯郡湯来町湯の山温泉白雲閣で二泊三日の合宿研究会）において、私は、「だれでもできる作文指導」の発表を行った。

・作文に関する子どもの実態は
　作文が書けない子ども、作文を書きたがらない子どもがいる。
・心理的に解放された教室づくりを
　安心して書ける雰囲気のある学級（認めてくれる先生、読んで理解してくれる友達がいる学級）に、作文を書く子どもが生まれる。
・日記や一枚文集を効果的に
　作文指導は、日々の地道な積み上げが大切である。ねらいを持った一枚文集をたびたび発行して、全員の作品を掲載することが、意欲的に表現活動に取り組む子どもを育てる。

・一枚文集の作品から　「病気」（小四　Y・K）

わたしは、はしかになりました。

ねていたら、おかあちゃんが
「なにかあげようか」

といわれたので、わたしは、

「りんごを小さく切ってちょうだい。」

といいました。すると、

「ねえちゃんいいのう。おかあちゃん、ねえちゃんにりんごをやるの」

と、そばにいた小さい弟がいいました。おかあちゃんは、

「おねえちゃんはね、病気だから。まさしちゃんが病気の時、なんでもあげたでしょ。」

といいながら、下におりて、りんごを持ってこられました。わたしは、弟がかわいそうになったので、少しわけてやりました。

りんごを食べて窓から外を見ると、友だちがたくさん遊んでいました。わたしは、病気の時はなんでもくれてだけど、遊べないからつまらない、と思いました。

昼からお医者さんが来てちゅうしゃをしておかあちゃんに何かいっていましたが、わたしにはわかりませんでした。でも、わたしはなおるだろうと思いました。

外で遊んでいた弟たちが帰って来て、

「おねえちゃんにりんごをあげたでしょ。ぼくらにもりんごをちょうだい。」

と早口にいったので、お医者さんもおかあちゃんもわたしも、みんなが笑いました。こんどは、りんごを二人にやって、わたしは、たまごをわってすいました。

お医者さんも帰って、弟たちも遊びに行って、また、静かなへやになりました。


などを内容とした報告後、「教師全員が作文指導に取り組んで欲しい。みんなができる作文指導のあり方を研究したい。」と結んだ。

その年の十二月、尾道市であった県大会でも、これと同じような発表をした。ところがある郡のすぐれた作文指導者から「だれにでもできる作文指導なんてできるわけがない。」の厳しい反論を浴びた。私は、「だから作文教育が進展しないのだ。作文教師だけの作文教育であってはならない。」の思いを強くし、いろいろな取り組みを考え続けた。

○いろんな場で

・よく見る　よく聞く（題名集め）

おばあさん／ホッチキス／石油ストーブ／シュート／おつかい／おかあさん／鉄ぼう／弟のインフルエンザ／マラソン／木の葉／妹のねがお／そうじ／そろばん／ハードル走／雪ふり／テスト／宿題／姉妹げんか／おじさんの運転／参観日／さかさまの世界／自転車なおし／ちこく／など、全員のを展示する。

・作品のタネを探す（日記から）

ミルク係（小六　S・M）

一学期からずっとミルク係をしていますが、とても楽しくて、三学期もつづけたいと思っています。

「おねえちゃん、もう少し」とか「へしてよー」といわれると、その子のとおりにしてやります。

めしつかいみたいだけど、そこが楽しいところかもしれません。

・書き出しから（運動会）

（ア）いよいよ五年生の一〇〇メートル走だ。

（イ）とうとう五年生の一〇〇メートル走だ。

この文から作者の気持ちが理解できる。

・ことばを写す（修学旅行のおみやげ）

「まあ、どうしたんね。みやげなんかいらんのに、ありがとう。」（おばあちゃん）

「どうしたんね、おばちゃんはええけえ。ぼくたべんちゃい。」（近所のおばさん）

「サンキュー　サンキュー　ええものがあったのう。」（お兄さん）
「このようかん、とってもおいしいね。ありがとう。」（甘い物をあまり食べない母）

・生活を詩に（日記から）
道路工事（小六　O・K）
まどから外を見る。
「工事中」と書いたてふだが目につく。
鉄のぼうし　はい色の作業服
ババババ…
地面がゆり動くような大きな音
コンクリートの地面を機械で掘っている。
重い土をつんだ車をおしている人
みんな　あせびっしょりだ。
たいへんだなあ。
わたしに　こんなに一心に働いたことがあっただろうか。

・ひろしま案内（社会科）
今からおよそ三百七十年前、毛利輝元が、太田川の三角州に城をきずいて、人口およそ二万五千人の城下町を作りました。（後略）

・思ったことを（ラジオ放送を聞いて）
なぜ、白人は黒人をきらうのだろう。黒人は黒くてきたないというが、同じ人間ではないか。白人の主人も悪い。あんなにいい人に対して、あんな悪いことをして…

・どんな形で、結論――理由（わたしのゆめ）
ぼくは、大会社の社長になろうと思っています。そう思ったのは、五年の二学期ごろ、学校の図書室にあった一冊の本を読んで感動したからです。それは、『松下幸之助』という題名の本でした。この人は…

・初めて知った（体育科）
体育の時間、松尾君が、
「犠牲フライを打ったときね……。」といったとき、私はびっくりしました。

ただ、打って点をとるというようにしか考えていなかったソフトボール。それが……

・やっとわかった（算数科）
－略－高学年用の『自由自在』を調べた。

同じような問題がみつかったので、それを教科書の数字になおしてやってみた。やっと、ほんとうの正しい答がわかった。

あとから数をかえてやってみると、小数点の位置のきまりがあることがわかった。……

・興味を持って学ぶ姿勢（赤ちゃんことば）
ちゃちん＝しゃしん　ばーば＝おばあさん　あちぼう＝あそぼう　ばあち＝よそのひと　びいびい＝きたないもの　じんご＝りんご　またおきるね＝おやすみ　ちょと＝そと
※赤ちゃんことばについて（先生の感想）
「ほかの班には言うなよ」と競争で集めた赤ちゃんことばが、なんと、一班＝二〇〇　二班＝一六〇　三班＝一四〇　四班＝一六〇　「しぇんしぇい、ほんちょに　おじょろいた。」です。「ごくじょうしゃま。」……

このほか、手紙、読書感想、観察記録、鉛筆対談、推敲前と推敲後の文章検討による推敲効果の認識など、いろんな機会をとらえて、子ども達の表現力を高めるための努力が大切である。

○今こそ作文指導を

『戦後作文教育文献解題　昭和二十年・三十年代』――平成十一（一九九九）年三月刊――や、「芦田恵之助先生研究同好会」（昭和四十七（一九七二）年～現在）で、野地潤家先生のご指導を受けながら、作文教育に関する書物を読みすすめた。戦時中、ありのままの生活を表現させたとして弾圧を受けた作文教師。子どもの思いを尊重し、他と比べるのでなく個をみつめ伸ばした実践活動から、「現職のときに熟読していたら、もっと、子ども達の喜ぶ作文指導や人間性を高める学習ができたのに」と、悔いることが多い。また、現職の先生と学び合う「広島作文の会」や「校内研究会」では、子ども達の学習や作品に触れながら、よりよい指導のあり方を探求している。

　だいすきです（小二）

おとうさんは
ふつうぐらいのことで
ほめてくれます。
おかあさんも
ふつうぐらいのことで
ほめてくれます。
おばあちゃんは
ちょっとのことで
ほめてくれます。
ぼくは、おばあちゃんが
だいすきです。

　おかあさん、あのね（小一）

ずこうのじかん
てれびができたよ。
すてきなもようになったよ。
なにがうつるかおたのしみ。
○おかあさんもみたいな。
　いつ　もってかえるの。（母）

この作品のように、今、子ども達は、自分の思いを素直に表現している。それに対し、教師として、親として、子どもと、どう向き合うかの姿勢が求められている。

私は、教育について問題の多い今こそ、すべての教師が、子どもの心や子どもを取りまく生活を表現する作文指導に、できるだけ多くの力を注ぐ必要があると考える。

五、国語教師としての思い出

近藤禮子

はじめに

定年を三年後に控えた平成八年四月、私は教職生活に終止符を打つことにした。少し体調を崩していたので、教頭として迷惑をかけてはという思いからであった。

最後の学校となった伴東小学校での退任式は、すばらしい心のこもったもので生涯忘れることはできない。

最後まで全うできなかった悔しさは残るものの、全力投球で過ごした三十五年間の教職生活に悔いはなかった。創立当初は千人近い児童数の学校で、初代校長のI先生をはじめ多くの先生方や保護者の方々の苦労の跡が偲ばれる校舎と可愛い児童の皆さんにお別れをして、校訓の「感謝と努力」の石碑を拝んで別れを告げたのが、ついこの間のように思われる。

退任式前から先輩の諸先生から心のこもった謝電やおことばを数多く送っていただいた。

これは今でも大切に宝物として保存しているが、そのことばは琴線にふれ、慰めと励ましの感じられるものばかりであった。

その後、元気を取り戻し過去を振り返る余裕の出てきた今、教職生活で出会った人々に感謝を込めて、その思い出の一端を述べていきたいと思う。

中学校の教師時代

今年一月三日の朝は、真っ白い雪が垣根に積もり、遠くの山々も一面雪におおわれていた。ふと、雪深かった県北の冬の中学校の朝、寒さも忘れ校門の雪かきをしたことが脳裏いっぱいに広がって、四十一年前のことが懐かしい思い出として胸の中に熱く広がり、その原風景が甦ってきた。

　私は、昭和三十六年四月、大学を卒業して二十二歳で高田郡の公立中学校（現美土里中）に採用され、国語、技術家庭、体育の三教科を担当することになった。生まれ育った郷土、母校への赴任であった。責任の重大さ、身の微力さ、懐かしさ等々を感じつつも緊張と戸惑いの連続であった。

　当時の学校は、視聴覚教育の研究指定校で校長先生は校内研修に高い指導力を持って極めて熱心に指導してくださった。校内の授業研究では、教師をやめようとさえ思う程の厳しい批評を受け、恥ずかしい思いをしばしば味わった。多くの教職員は若くエネルギッシュで、学習指導・生徒指導をはじめ研修全般に亘って叱咤激励してくれた。しかし、職員室には家族的で暖かいものがあり無我夢中で過ごしたように思う。

　この間、全職員で全国大会や県大会等に参加して研修も行った。自校で県大会が行われた時、準備で帰宅が午前様になって同僚と一緒に星空のもとを帰宅した記憶がなつかしく目に浮かぶ。当時は、学校放送ラジオの国語教室を教材の一部として使い、言語指導や詩の鑑賞や朗読などに活用した。若さ故の恐いもの知らずで、毎日の授業は生徒との共感と奮闘の連続であった。研究授業の時、現在は中学校で教頭をしているK君が自主的に立って詩の朗読を行い、皆から拍手をあびたひとこまが今も鮮明に浮かぶ。この中学校での八年間は、個性的で自主性に富み、責任感旺盛な同僚に囲まれ、校長先生を中心として一つのまとまりのある職員集団の中で、実に多くのことを学び育ててもらったと思う。

　当時の同僚の殆どが、ある者は教科の指導主事や教育事務所の所長になられたり、最終的には校長となられたが今では全員退職されている。当時の校長先生は現在九十二歳でご健在で、先生を囲んでのＯＢ会を数年前に持っている。若い青年教まらない。

師としてお互い切磋琢磨した頃がなつかしくてた

小学校の教師時代

時は流れ、過疎の波は学校にも及んできて、昭和四十四年四月、安古市町立新和小学校（現古市小学校）に転任した。児童数も多くプレハブ校舎を使用していて、分離する前の大規模校であったが極めて活気に溢れ、校舎内には数々のカップやトロフィー・賞状がかかげてあった。代々の校長先生にも可愛がっていただいたが、教頭のI先生は国語の指導主事の経験があり、物腰が丁寧でユーモアのある心暖かい余裕の感じられる方であった。

作文指導や習字等で大変お世話になった。

この後、二校でご一緒させてもらう縁があったが、そのスタイルは少しも変わらず、今も年賀状をいただいている。

当時の国語主任のM先生は若く、研修意欲旺盛で作文教育にも熱心だった。

昭和四十八年三月、国語研究会も市小国研（広島市小学校国語教育研究会）となり、旧市と交流される研究体制となった。その頃、研究実践書も出版されていたT先生に度々校内研修に来ていただき、模範授業を見せていただいたりしたことを思い出す。T先生はやがて校長となられ、後に私の伴小時代にも校内研修でお世話になり、今も年賀状をいただいていて、ご健在がうれしい。

やがて、私も学年主任などして学年・学級経営に没頭していた頃、担任していたY子さんの書いた「私の弟」という作文が鈴木三重吉賞の特選になり、その年の作文の部で学校賞もいただいた。Y子さんは、現在名古屋で小学校の教師をしており文通を続けているが、「自分の教育の原点は、小学校にあった。」と言って私を感激させてくれている。

いつも遅くなり、バスで帰路に着いていた愛着のあるこの学校の八年間は、実にすばらしい同僚に支えられ、教育ひとすじに取り組める団結した教職員集団の中で育てていただいたと感謝している。今も交流が続いている先生、児童、保護者もいて忘れ難い。

昭和五十二年四月、新和小より二回目の分離で新設された中筋小学校に、教頭のI先生や数名の同僚と共に転任した。数校から集合してできた教職員集団であったが一致団結して、教育環境の整備と教育の創造に取り組んでいったと思う。機械警備の学校になっていたので、いつも朝一番に出勤して鍵をあけていたのを思い出す。同じように出勤されていた習字主任のS先生は、個展を開かれる程の卓越した技量を持っておられた。先生は、温厚な性格の上、人間的にも尊敬できる方で校内研修の場で熱心にご指導をいただいた。

その頃、職員作品展に出品した書が今も記念の額に収まっている。中国新聞の新年作品の書写でも、クラスの児童が多くの優秀作品を出していった。鍛えに鍛えて一枚を生み出す努力によって、教師を越えるほどの秀作を出したN君、S君、Bさんの顔がはっきりと目に浮かぶ。

この頃、広島市の国語同好会主催で土曜日の午後、広大附属小の教室（皆実）で授業研究がよくあった。提案授業（模範授業）を通して研修させていただくという有難い機会に恵まれた。授業者は、いずれも国語の大先輩であり、感動して研修に参加させていただいたあの時のY先生、N先生等々の何とも言えない授業を通して感じられるすばらしい人間性、刻々と組み立てられる生きた板書、漂う集中した教室の雰囲気が今でも忘れられず、なつかしく焼きついている。

また、昭和五十五年十一月には、二十八回全国国語教育研究協議会が中島小学校で開催され、「ともしび」の会を今も継続していらっしゃるF

先生の「三人の旅人たち」のことなど研修した思い出は尽きない。

この中筋小とは担任していた児童を卒業させて、住居の関係で四年で別れを告げたが、その後クラス会も持ち、何人かの保護者の方とは今も交流があり、当時の子どもたちの様子を知らせていただいている。

昭和五十六年四月、住居に近い伴小学校に転任した。この学校は、百十余年の長い歴史があり校地内には大きな桜の木などが数多くあり、自然環境豊かな学校であった。当時は児童数一千八百六十三名、広島市一のマンモス校で二棟の鉄筋校舎に入り切れない約半数の児童は、古い木造校舎やプレハブ校舎を使用していた。教職員数七十二名、一学年八学級という状態だった。

校長のI先生は、三度目の出会いであり、随分と救われた記憶がある。

校長室の壁面の額に「伴を生かし・友に生かされ・共に生きる」と書かれていた。折にふれて思い起こす言葉のひとつになっている。

二年後、分離してI校長は新設の伴東小学校に転任された。

プレハブ校舎もなくなり、環境も整備されようやく学校が落ち着きを取り戻した。

分離後はじめて出会ったT校長先生は、物静かなやさしい感じの方で、今まで市小国研で熱心に研究を積み重ねておられ、鈴木三重吉賞の作文の審査員もされていた。学校では折にふれて、表記・文字について熱心に指導された。先生の書かれた文字はくせのない美しい整然とした字で有言実行の方であった。

個人的にも女性教師のあり方について助言していただいた。

学校図書館の経営にも極めて熱心に取り組まれ、職員図書も充実していった。なかでも国語の読解を努力事項としていた関係もあり、著名な国語の研究者の専門書や雑誌が数多く紹介され揃っていった。と同時に我が家の狭い部屋にも本棚にも溢れるほどの国語関係の本や月刊誌が増えていった。このような環境の中で夢中で吸収し、大きく育てられたように思う。さらに、全国大会や中国地区大会、大阪や京都、県内の研究大会などにも積極的に自費で参加して研修した。

当時、鈴木三重吉賞の作文に応募して優秀賞になった「兄の新聞配達」というI子さんの作品や特選になった「ぽん太」というT君の作品が中国新聞に掲載され、佳作にも数点が入選した。毎学年、手作りしていた分厚い文集に今も残っている。

この頃から生活部長や教務主任として以前より忙しい日々が続くようになった。研修主任を兼務した年、努力事項が読解から作文の研究となった。研究主題「一人ひとりにしっかりした学力をつける」——確かで豊かな表現力を伸ばす指導のあり方——のテーマのもと、校内研修の企画運営にあたり、実に多くの事を学ばせていただいた。

昭和五十六年八月発足した作文指導の会や昭和五十八年四月発足した広島作文教育の会等に積極的に参加して、夢中で研究を模索していった。当時、市小国研の運営で安佐南区の代表幹事をしていたので、幹事の先生方や授業者に随分とお世話になった。この縁で今も何人かの方とは交流が続いている。

また、市小国研の「作文通信」の編集にもかかわらせていただいたが、後に大先輩の校長先生方から退職後出版された貴重な本をご恵送いただき、頭の下がる思いをすると共に多くの示唆を与えられ、人と人との出会いの暖かさを感じた。

昭和六十二年、「確かで豊かな表現力を伸ばす指導」の二年次、全校として取り組む努力事項の浸透を図る工夫や日々の実践の積み上げなど、気を弛める暇はなかった。このような状況の中で常に心の支えとなったのは、指導主事のK先生の豊富な研究実践に裏付けられた指導を受ける機会にめぐまれたことであった。先生によって校外での発表の場を与えていただき勉強する機会を得た。

一方努力事項の方も先生の指導に訪問される貴重な一日をステップとして、基礎学力に留意しながら授業構成の創造、日々の実践など教職員一体となり研修への連帯感をもって進んで行ったと思う。私も一回として満足のいく授業はできなかったが、教師も児童も本気で授業へ集中し、さらさらと走る児童の鉛筆の音が静寂の中に聞こえる一瞬がとても好きで、続いて堂々と大きな声で文章を発表する児童の声など、当時のことが今もなつかしく甦ってくる。

努力事項二年次の研究・実践活動をまとめ、紀要として編集した。さらに、研究の本文を原稿用紙六十枚にまとめ、紀要を資料として添えて市教委に研究物として提出した。その結果、昭和六十二年度末、広島市立学校教職員教育実践研究物で数少ない最高の「特別奨励賞」をいただいた。表彰式で賞状とトロフィーを受取った時の感激は今でも忘れられない。ご指導・ご支援いただいたK先生をはじめ、諸先生方に感謝している。

その後、九年間勤務した伴小学校とも最後の担任をして別れを告げた。

平成二年四月、創立十周年記念を迎える安佐北区の久地南小学校に教頭として赴任した。

この学校も校内研修は熱心で、国語の読解を努力事項としており、先生方と一緒に研修することができた。

この年の十月には、第十七回中国地区国語教育研究大会が段原小学校を会場として開催された。市小国研としては指導主事K先生のご指導をいただき、私は言語分野で研修した。

今は亡きD先生の授業を中心に分科会でも司会の勉強も併せてさせていただいた。

平成四年十一月、第二十回記念全国小学校国語

教育研究大会広島大会が幟町小学校と皆実小学校を会場として開催されるに当たっては、市小国研としては度々準備会を持ち研究を重ねた。時には夜遅く帰路に着く日もあったが、著名な先生やすばらしい国語の先生方のご指導をいただく機会を得たことは、この上もない幸せであった。

平成六年四月、学校を愛してくださった地域社会の人々や保護者の皆さま、可愛い児童の皆さん、何かにつけ協力いただいた先生方との四年間の思いを残して別れを告げ、安佐南区の伴東小学校に転任した。送別式で児童の皆さんから贈られた心のこもった文集は、今も大切に納めている。

おわりに

今年の元日の朝、雲間から一瞬初日を拝むことができました。今年こそは、心休まる世界の平和をと願い、せめて身近なところでやさしさを感じるふれあいを大切に生きたいと思いました。

還暦を越え、退職して七年目を迎えた今、過去を振り返って現在を考え、未来を見つめるためにも、一度教職生活を振り返って見るのもいいチャンスだと思い、太河の会からの依頼原稿を書く気になりました。

――国語教師として生きて――のサブタイトルにも気恥ずかしさを感じ、読んでくださる方に現時点からの大したメッセージにもならないと思いながら、自分にとってはかけがえのない、その時点での全力投球した人生の宝物としての「ひとこま」であり、三十五年間の自分史の一側面でもあるので勇気を出して書くことにしました。

『人、この素晴らしき出会い』に心から感謝したいと思います。「めぐり会ったよろこびこそ、生きたよろこびである。」と、つくづく思います。

湯の山での夏季講座や牛頭山の麓で行われた夏季合宿研修での多くの先生方とのふれあい、児童や保護者の方々とのめぐりあいなど教職に生きた人生の一ページとして次々と刻まれ、折にふれて甦ってきます。

そして、父母や支えてくれた家族に心から感謝したいと思います。

おわりに、今は亡き先生方のご冥福を心からお祈りいたします。

六、県[※1]小国研事務局メモ

平山　威

記憶も段々薄れてくる。ただ自分のために、舞台裏の事務局の仕事を、思い出し思い出し、ホンの少し、その時の気持ちを入れて書き留める。

一　全国大会、中国大会の舞台裏から

●全[※2]国国語教育研究協議会

昭和五十三年六月、幟町中学で国[※3]語連盟理事会。第二十六〜八回県大会の取り組み状況、連盟委員長交代の件等を協議。引き続き、全国大学国語教育学会理事長の要請「来年、国語学会を広島で開催予定。二日目の協議会を県大会に重ねられないか」を検討。今年の開催地は既に、準備を進めている。来年は広島市で、中国大会。大学も一年延期してはと小・中学。広島市で全国高等学校国語教育研究連合会・第十一回研究大会に向け準備が進んでいる。小・中に賛成。で、五十五年度に大学と合同で開催。十一月末には準備委員会が開けるように、委員会構成や日程等は中学が。補助金申請担当の小学と大学は、正式決定を待てないの

で、五十四年七月までに申請する等を申し合わせる。

　五十三年十一月に第一回委員会、五十四年十月の五回準備委員会兼第一回運営委員会をへて、正式に始動。国・公・私立の幼・小・中・高・大学が、七会場、授業三十七、分科会三十八・提案五十八と学会の発表五十六を加えると、百を越える大規模なもの。

　野地潤家理事長・吉井敏明実行委員長・小川利雄（附小）のお三人が、当面の運転資金にと各々が十万円を出される。二人しかいない事務局員は、正式発足までの半年間、連日午後、大槻和夫事務局長の研究室で、補助金申請書・案内状等の原案作り。作成にあたり、市教委より細かな助言を受ける。決定額は県の二分の一の十万円也。

　要項編集は、時間的に校正不可能。「写真製版につき、自己責任で執筆」との但し書きをつけ依頼。二万五千部の案内状郵送料（約十万円）を県教委が負担。駅前郵便局まで新車の県公用車のクラウンワゴンを借用して運ぶ。

　情報収集に、甲府か松江の大会のどちらかに行くことになる。市の教科研の日に重なり、ある部会の司会をすませ、五十四号線の暗い夜道を一人寂しく、松江まで車をとばす。
●第二十回記念全国小学校国語教育研究大会
　昭和六十一年、瀬川榮一全小国研[※4]事務局長から、十七～十九回は未定だが、二十回を広島で是非、開催してほしいとの電話がと、土屋隆夫県小国研会長に。六十二年二月の郡市[※1]代表会で、満場一致の賛成。六年後の大会開催を了承する。

　平成二年に国語中国大会、三年に図書館中国大会、四年九月理科（呉市）、十月社会と、十一月の国語は共に広島市での全国大会。大会の協力要請に三教科揃って県・市教委へ。同じ市内で開催の社会科とは、広告料・接待・ＰＴＡの協力態勢等について話し合うなど、会議、会議。三年五月、幟町小で組織・役割分担・運営・日程等々についての協議、協議。緊縮予算案に、必要な金は集めると総務部長。赤字になれば、役員が割り勘で払おうと実行委員長。瀬川榮一全小国研名誉顧問、押上武文会長が現状視察と激励に来広。その度に、役員有志の割り勘で一席を。

十二月、大会の情報収集に名古屋大会、四年十月、仙台大会へ。六月、全小国研理事会（東京青山会館）へ正副実行委員長と。文部省と記念講演者への表敬訪問。八月、大会開催地の研究お広めがメインの夏研修会（研究発表と大会概要の説明）に二十数名が東京へ。

●第十七回中国地区国語教育研究大会[※5]

平成元年八月、中学当番の連盟理事会。全体会での国旗掲揚と君が代斉唱を決める。開会セレモニーに抵抗した一部の会員がロビーに出て、席はがらあき。大会終了後のお礼に県教委へ。当時の教育長から厳しい言葉が返ってくる。教組との団体交渉の場でその旨を話してくだされればと思った。（第三十八回県大会を兼ねる）

二　県大会の楽屋から

●第二十七回

五十四年七月、準備会で二つの件に合意する。来年の全国大会を盛り上げる意味からも、今回から各校種揃って、数年来途絶えていた公開授業を復活し、本来の形に戻そう。また、開催順を再確認し、三次地区（三次・庄原・双三・高田・山県・比婆・甲奴）→広島地区（広島・大竹・廿日市・佐伯）→福山地区（福山・府中・沼隈・深安・芦品）→尾三地区（尾道・三原・因島・竹原・豊田・世羅）→呉地区（呉・東広島・安芸・賀茂）の輪番を厳守しよう。以来、輪番も崩れず、授業公開も続いている。

●第二十七回・三十一回

三次地区の高田郡で、小・中が可部・三次教育所管内、高校は三次ブロック。呉地区での安芸郡でも、小・中は海田教育事務所管内、高校は広島ブロック。どちらも高校が譲歩。

●第四十一回

全体会場の高校体育館前で、横断幕を掲げ、鉢巻姿でシュプレヒコール。山積みの抗議電報の中に面識のある先生のものも。連盟委員長が、高教組との協定を無視し国旗掲揚をしたことへの抗議行動だとか。委員長に代わり、県高国研副会長が怒声の中で開会挨拶。

●研究推進委員会の設置

平成七年、県算数研究会の研修をヒントに、事務局の充実と県外の研究大会からの提案依頼に役立てようと、研究推進委員会の種をまく。跡を継いだ者達が、百名前後も参加者のある「実践研究発表会」（夏期休業中に開催）の大木に育てる。

●収入・支出について

実際には市町村教委が負担。教師一人百五十円×会員数の会費と国の補助金を、十五部会に分けた十四万五千円が収入。教員減と部会数の増加により、配分額も少なくなってくる、これを大会負担金と「国語会報」、通信費に支出。徐々に支出明細の処理が複雑になり、支出を印刷費と通信費に。大会負担金は余分に広告を取ってまかなう。

三　県小国研に関わり、二十年

昭和五十一年頃、安田平一県小国研会長のお手伝いをしたのがそもそもの始まりである。

うちの学校に来ないかと誘ってもらった吉井敏明事務局長に言われたのがきっかけで末田克美校長の叙勲祝賀会の企画会（荒神小）で、学校代表として加わり、会長と面識があったからでもある。以来、県小国研の創立時のこと、教頭・校長の姿勢、山辺の道・葛城の道などの旅での博学ぶり、時々は盃をかたむけたりと、いまだにお世話になっている。

二年後には、七年間もお世話になることになった吉井敏明校長が会長に。それはまた、連盟委員長、全国大会実行委員長である。以来、私もそれらの事務局を担当。ご退職後、叙勲祝賀会以来お会いしていないが、愚痴を言われなかったこと、いくら飲まれてもくずれなかったことなどが思い出される。先年、太河の会発刊の『広島市小学校国語教育の歩み』の中の「研究大会一覧」は、昭和六十二年に吉井大先輩がまとめられたものに、以降のことを付け加えたものである。

三十才で二番目に若かった頃、八年間も揉まれ鍛えられる。転勤後の新設校で、一端の論客として町内から来た大半の同僚を押しまくる。と、「行くところがないので、仏の慈悲で取ってやったんだ。そのへんで」末田克美校長の一言。爆笑の中、一件落着。前任校で「実力」とは何か納得できなかったが、大先輩は「実力とは、人に名前を知ってもらうこと」と喝破。大先輩の関わりで「名前を知ってもらう」機会が増える。県小国研の事務局担当になり、更に出会いも増える。大先輩も県教委時代に、県小国研設立に尽力されたとのこと。

全国や中国大会時には、校内外の先輩・同僚に大事にしてもらう。準備段階では、一部の人にしか知られず進行状況に気を取ることを二十年間努める。もちろん県内外の多くの先輩・同僚の助けがあったからである。

中でも、表に現れることなく黙って手伝ってくださった同一校の教職員に心からお礼を言い、独り言を終わりにする。感謝・合掌。

※1　県小国研

正式呼称は広島県小学校教育研究会・国語部会。年長世代は、「県国」。昭和五十五年の全国大会頃から、広島市小学校国語教育研究会に対し「県小国研」。郡市代表者会に二十六代表が、本・来年度の県大会の確認や情報交換。「国語会報」の発行　等。

※2　全国国語教育研究協議会

正式大会名は、第五十九回全国国語教育学会、第二十六回全国国語教育研究協議会、第十二回中国地区国語教育研究大会、第二十八回広島県国語教育研究大会。

※3　国語連盟

正式呼称は、広島県国語教育連盟。小・中・高が二年毎に委員長。主として県大会の運営の検討等。

※4　全小国研

全国小学校国語教育研究会の略。二十九都道府県と五政令都市が加入、年会費二万円。

※5　中国地区国語教育研究大会

二年毎に、広島県→山口県→鳥取県→島根県→岡山県の順。広島県では、毎回中国大会と県大会が重なる。他県は二ないし三カ所で開催。だいたい小・中学の合同開催。

七、集う

安田平一

ふりかえるに、ことさらにそれによってと言えるようなこともなく、あわあわと人の集いの中にいてあれこれの思いに暮れていたような——

昭和十三年、二十歳で倉橋小学校に就職した。そして先ず、学校文集の作製を命ぜられる。二学期の終わりごろ作品募集をして三学期終わりごろ「学校文集・さぼてん」を仕上げ、児童・生徒に実費販売した。文集にかかわるように生まれついていたものか。

戦後、広島市でも、学級文集・学校文集・市文集「ひろしま」等の作製を絶えることなく継続。

退職後の今日なお『文集・ひろしま』の低学年作品の分かち書きを手伝わせてもらっている。

昭和十六年、東雲小学校に転勤。きびしい戦争さなかだったが、度を外れたようなことはなかった。

二十年原爆。疎開地から帰ってみると、壊れた屋根から降りこむ雨水が二階の教室に溜まるといった状態だったが、とも角、校舎が残っていて、細々と授業再開。

さて、一新しての戦後、どのような方針・形態での教育をすればよいのだろう。戦前から中央と連絡をとる役目を持っていた学校だったので、交通可能になった段階で自分も中央に出かけることがあった。

そうした東京での或る日、つと寄ってこられた石森延男氏から「やすださん、日本語が残ってよかったよ」との、しみじみとした言葉を聞いた。

（当時、日本語をやめてフランス語にしようという意見が相当強かったらしい）

――そんな情勢の中ではあったが、広島市では二十一年八月に「ぎんのすず」を発刊している。

何よりも文化の復興ということで、戦後いちはやく東京で石森延男氏を中心にして「文化集会」が開かれた。昭和二十一年夏のことである。

文化集会小記（第七回のもの）には

第一回　昭和二十一年八月二十三日、二十四日、二十五日

フランスの青少年と教育　　河盛好蔵

教育人と哲学的教養　　務台理作

国語教育の姿をながめて　　垣内松三

……

第六回　昭和二十六年八月一日、二日、三日

○源氏物語の現代性（池田亀鑑）　○台詞のいいかた（毛利菊枝）　○詩の世界（上保光太郎）

○文学教育の意義と方法（石森延男）　○美を愛する心（矢代幸雄）　○児童文学のありかた（古谷綱武）……

などの記載がある。

第二回「劇教材」（ヘレン・ヘファナン）　第三回「読みかた教育」（ヤイデー）　第五回「いかにして国語計画をゆたかにするか」（オスボン）…など、外国人講師も檀上に立っていられる。

幕合いに詩の朗読もあった。

「流れの岸のひともとは／み空の色の水あさぎ／波ことごとく口づけし／はたことごとく忘れゆく」（上田敏）と、忘れがたい。

今、僅かに残る資料の中に次のものがあった。感無量である。

文化集会の歌

ここにつどえる／わが同志、／真実・正義を／ちかいつつ、／いざ、うちたてん／新文化、／よし、頽廃の波／よするとも。ここにあい見し／この同志、／友愛・奉仕を／めざしつつ、／いまこそ救え／わが祖国、／よし、混乱の風／すさぶとも。

……

この会には可能な限り出席して、その度毎に清新の気を得て帰るのが常だった。なお、帰路は寄り道をして信州の山の気を吸うことが多かった。帰りついた原子野に立ちここに混乱退廃があってはなるまいと自分なりに気を引きしめた。

文化集会（十二回かで区切りをつけられた）に続いて通いはじめたのが昭和二十八年発足の「実践国語の会」（西原慶一氏主催）である。なお、地方で盛りあがっている会として香川県国語研究会の夏季合宿の会があり、向井信之君と共に参加して感激した。これに刺戟されて「湯の山夏季合宿研究会」を望んだかのようにも思っている。

さて当然のことながら、私の「国語」は、この広島の地の多くのすぐれた先生がたのお導きによって為し得たものであることを思う。

昭和十五年に師範学校専攻科に入り、真川淳先生に教えて頂いた。卒業論文に「山上憶良の貧窮問答歌」をとりあげるようなことであまり真面目でない私に、諄々と教育的愛を論述して下さるには頭が下がった。「愛するは苦しきことか苦しくもこの一筋にわれ生きんとぞ思う」（真川淳）の書軸が今も手許にある。

戦後、先生は広島大学学校教育学部教授として、研究会や同好会その他の事ある毎に出席してくださって、まことに真剣に熱意をもって指導して下さった。私達より数年上の若い先生の情熱溢れる真剣なご指導にはただただ感激するばかりであった。原爆症等の病で早く亡くなられて残念でならない。

真川先生とならんで学校教育学部の教授であられた松永信一先生のことも忘れ難い。先生は信越地方の方で、出られ独学で教授の地位を得られたとお聞きしている。堅実そのものの先生と私達は思っていた。戦中よりはじまって昭和四十四年だったかのご他界まで、ひろしま国語の論理的基盤を支えていただいたように思っている。先生のご指導のもとに「ひろしま文学教育研究会」が発足している。

折りにふれて国語教育研究の現場においで下さって、心に沁み入るように深遠なものをお教え下さったのが清水文雄先生である。先生が夏季湯の山の研究会で、中世文学の粋の文章を朗読して下さった時のことが、いまだに忘れられない。書かれた文字面を目で読んだ段階ではさっぱりわからなかったが、先生が区切りよく朗読してくださって、さっと判った。魔法にかかったようだったことを今も忘れない。

その後、湯の山で「朗読の会」を始めたように覚えている。

広島大学附属小学校の小川利雄先生は気さくなお方で、進んで広島市小国研に仲間入りして下さり、豊かに自由に時に奔放な発想のもとに親身になって国語教育現場の指導をしてくださった。

今は故人となられた四先生のことを偲び、あらためて感謝の念を深くしている。

廃墟より立ちあがろうとした広島の地の国語教育が、数え切れない諸先生方または県・市教育委員会指導主事の先生方に導かれて進展していった姿が夢のように思える。現今の衰退の相と思い合わせ感無量である。

ひろしま市での国語の集会は「会」というより「集い」というに相応しかったと思っている。下から盛りあがりやわらかに穏やかにふっくらと、成長していったと言えようか。そうした「ひろしま国語」を起こし、維持経営し盛り立て増幅してくださった多くの先人のあったことを私たちは忘れられない。

ひろしま国語教育に大いなる質的向上があったとすれば、それは偏に教育現場の先輩同僚の和と研鑽と活動の賜とも言いたい。

草分けの頃のことはよくは知らないが、何にしても二代目会長小畑稔先生が「市小国研」の基礎固めをして下さったことが忘れられない。先生は十年近く会長をして下さったように思っている。温厚、人の意見をよく聞かれ、慎重に実践に移していかれた。先生ご在職の間に市も県もの国語教育研究体制が出来たように覚えている。

多面的にすぐれた才能をお持ちの三代目岡澤水会長が、ぬかりない体制を確立してくださった気がしている。

初代幹事長は関本正治先生であった。多忙の中、諸活動をよく統括され、「国語通信」発行の中軸としても活動される。文学的才能のすばらしいお方で深みのある国語教育への道を示していただいた気がしている。

二代幹事長の田辺正先生は、作文を中軸にしての人間味溢れる国語教育への道を開いてくださったような気がしている。作文の研究授業のあとである女先生が「……がやがやの中に（泰然と）いる田辺先生――」と評した言葉が今も忘れられない。諸事を率先して為して見せて下さる先生であった。

今にして思えばその他、数限りなくいろいろ、現場で活動してくださった方への思慕に際限がない。

「人、この素晴らしき出会い」は、あったと言えば数多くあったような、今とりたててと言えば際もなく茫漠としてしまうような、そうした気持ちで、おおざっぱな回顧を書いてしまった。大方のご宥恕を請う。

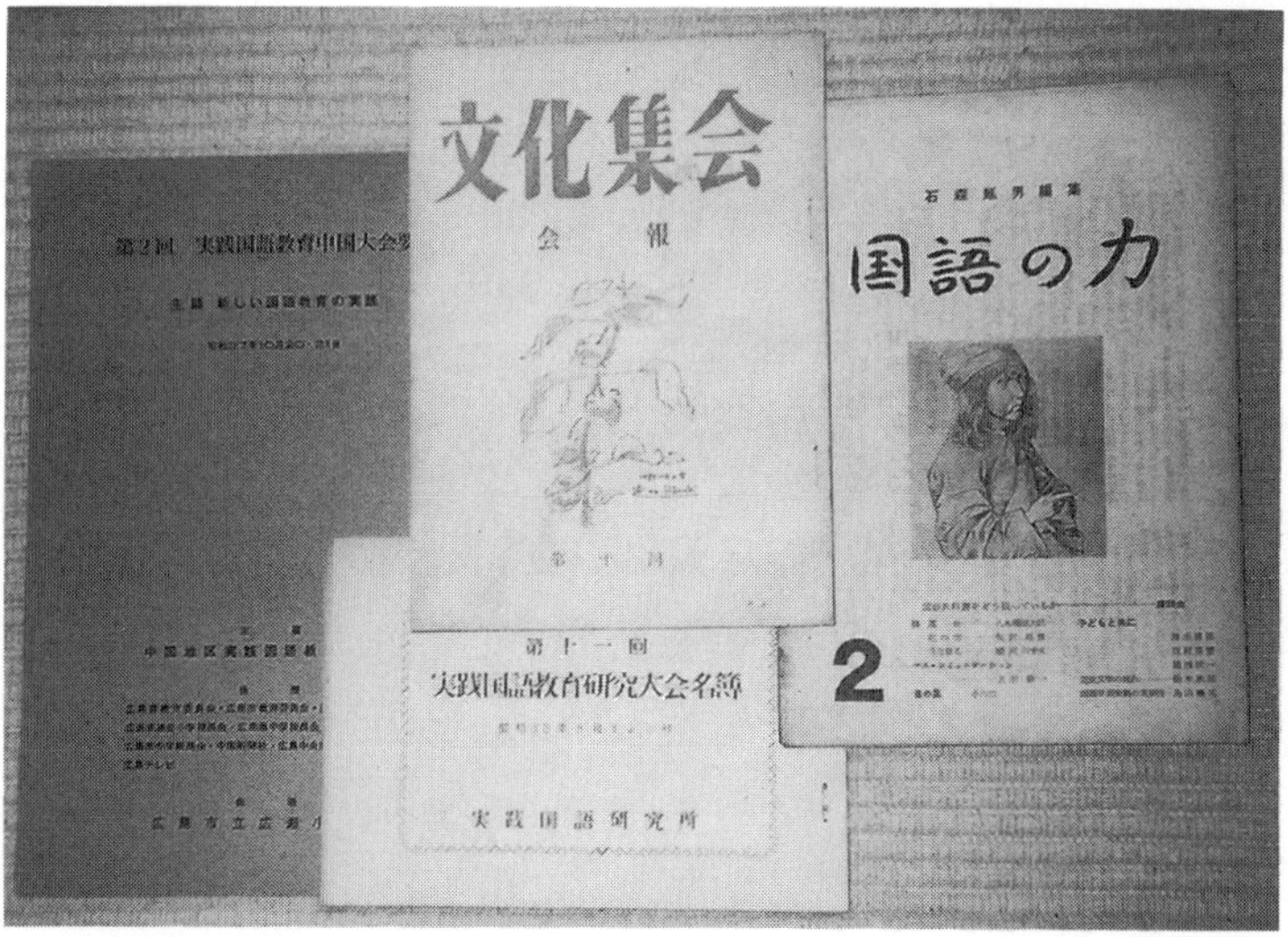

八、広島市の国語教育の歩みに支えられて

神田和正

はじめに

あと一年で半世紀にわたり教師生活を続けてきたことになる。三十七年間の小学校教師（公立小学校七年九か月、附属小学校二十九年三か月）と十三年間の大学・短大の教師である。

小学校での定年を一年残して、安田女子大学・短期大学に転任した。大学での定年も昨年度で無事終えることができた。引き続き非常勤講師として授業を担当し、今年度も担当することになっている。

間もなく終止符をうつことになるであろうこの時点に立って、これまでの教師生活の様々な場面が浮かび上がっている。それぞれの場面で出会った多くの児童や学生、ご協力をいただいた保護者の方々、わたしを励ましご支援いただいた多くの先生方のお陰で、今のわたしがあることを改めて強く感じ、感謝の気持ちで一杯である。

こうしたときに、これまでのわたしの教師生活を振り返ることのできる素晴らしい企画が提案され、実現に向けて歩み始めた。この機会にわたしのささやかな歩みを振り返り、この中でわたしの歩みを支えていただいた先生方についても書いておきたい。

『文集ひろしま』との出会い

昭和二十八年（一九五三）三月に広島大学教育学部小学校教育科を卒業して、四月に広島市立中島小学校に就任し、小学校教師の第一歩を踏み出した。ここで第五学年月組の学級担任として五十一名の児童を任された。このあとの二年間は、新

米教師として無我夢中で過ごした。

この二年間で強く印象に残っていることに、『昭和二十九年度文集ひろしま』（第一集・昭・三〇・二・二五・発行）にわたしのクラスの二名の児童の作品（「風と高しお」末沢栄子・「ふろたき」明神正明）を載せてもらった。自分のことのように嬉しくて、自分用の文集も注文し、二人の作品を何度も読み返したことがある。

この『文集ひろしま』の発行の主体は、「ひろしま作文の会」である。この「ひろしま作文の会」と『文集ひろしま』のかかわりについては、『広島市小学校国語教育の歩み――戦後――』（「Ⅶの二　作文クラブ・ひろしま作文の会」一三〇〜一三九ぺ）によって、会の誕生や活動の様子がよくわかる。

わたしの手元には、「ひろしま作文の会」の活動状況を報告した冊子が、すべてではないが残っている。これを読むと会の様子がさらに細かくわかる。

「作文研究ひろしま」（第1号・一九五四年（昭・二九）七月）によると、七月十八日（午後二時半〜四時半）第五回ひろしま作文の会があり、作文と詩の合評会が行われている。この時の会場は、竹屋小学校の一年田辺教室で、一年生用の小さな椅子に座って合評会が進められている。この会の参会者は、大学の先生、県・市教委の指導主事、附属小学校の先生、中国新聞社の学芸員と現場の先生が参会されており、メンバーは多彩であり、スゴイ会だったのだなと改めて驚かされる。

お世話になった先生方

「ひろしま作文の会」に参会しておられる先生方の中に、わたしがこれまでにお世話になった先生方がたくさんおられる。これらの先生方の中から、小川利雄先生、田辺正先生、安田平一先生、向井信之先生、細井迪先生について触れておきたい。

どの会に参加した時かはっきりしないのであるが、田辺先生からお声を掛けられたことがある。「小川さんが、あんたのことをよろしく頼むと言っとられたよ。」と言われた。この時は、「小川さん」のことをわたしの勤めていた中島小学校の小川節子先生のことかなと思った。この先生と田辺先生とのつながりのはっきりしないまま過ごしていたが、後になって附属小学校の小川利雄先生と確認して、うかつであった自分を認識すると同時に、大変ありがたいことだと思った。このお二人の先生には、折りに触れ激励していただいた。しかし、このお二人はすでに亡くなられお会いできないのは残念である。

小川利雄先生は、広島市小学校国語教育については、亡くなられるまで深くかかわってご指導してこられた。三十八年間にわたって（第三集より第四十集まで）『文集ひろしま』の指導文（文話）を書かれたのもその一つである。毎年、低学年・中学年・高学年と三つの学年用を書いておられたため、指導文の総数は百篇に近い数になっている。

小川利雄先生が平成七年（一九九五）三月十三日（月）午前十時五十分に亡くなられた。お年は七十六歳であった。このため、『文集ひろしま』の指導文がわたしに回ってきて、第四十一集から書くことになった。昨年度は第四十八集が発行され、八集にわたって書いてきたことになる。全部で二十四篇（毎年低・中・高学年を一篇ずつ）の指導文を書いた。毎年締切近くなってもなかなか書けなくて苦労している。小川先生の指導文を読み返し、自分の非力を痛感している。子どもたちにもまことに申し訳ないことだと思う。

安田平一先生には、「作文研究ひろしま」を個人的に送っていただいた。この冊子は、安田先生のご尽力によって作成され、発行の度に市内の全小学校に一部ずつ送られていたものである。各小学校に送られたもの以外に、わたしの名前を書いたものが送られてきた。手元には数冊あり、どこでどのようにわたしを認めていただいたのかわからないが、大変嬉しく思ったものである。

この頃から現在まで、会う度に声を掛け激励をいただいている。現場を去られた後も、太河の会の中核として会を推進しておられ、お元気でいていただけるのはありがたいことである。

向井信之先生は、当時、会にご自身の指導された作品を提出されたり、作文の授業をされたりしておられる。先の安田平一先生も同様で、お二人共大活躍しておられることを冊子に窺うことができる。

向井先生にお会いするようになり、お顔を合わせると必ず声を掛けていただいた。

広島大学附属小学校では、研究会のときに国語科の分科会があり、その司会を何度かお願いした。教科の担当者として司会をしていただく先生をお願いしないといけなかった。いつも快く引き受けていただきありがたい思いをしたものである。現在も太河の会でお会いでき、お話しできることはありがたいことである。

細井迪先生は、当時熱心に会に参加されていたようで、出席者の記録の中に常にお名前がある。作品も提出されている。

先生と親しくお話しできるようになったのは、小学校国語教育研究会（小国研）でご一緒するようになってからである。この小国研には毎回きちんと出席され、真面目に真剣に取り組まれた。先生の学習態度に刺激され、自己の努力不足を反省させられたものである。資料作成段階では最後まで助けていただいた。現在でも太河の会でお会いでき、お話しできることはありがたいことである。

作文通信の編集

「ひろしま作文の会」は、「作文通信」も生み出した。途中からわたしも編集協力者の仲間に加えていただいた。この編集を通して作文指導の勉強をさせていただいた。「作文通信」の発行については、『広島市小学校国語教育の歩み――戦後――』（「Ⅴの三　作文通信（昭和二九年～平成四年）一〇四～一〇八ぺ」）に記述されている。

継続発行の区切りを記念した二つの冊子が発行された。十五巻を記念した『ひろしまの子の作文のすすめ』と二十巻を記念した『ひろしまの子の作文教育』である。この二冊は手元にあり、この中にわたしの執筆した「作文通信」や「作文通信」を使った授業実践を載せてもらった。

『ひろしまの子の作文のすすめ』（昭和四四年（一九六九）三月発行）の中には、安田平一先生の「活動のまとめ」が巻末に載せてあり、十五年間の歩みが述べられている。これまでに編集発行された通信の中から選ばれ、学年順に並べてある。わたしのかかわったものとして、はっきりわかるものが二点ある。

第三学年の「わたしの文集」（五四～五五ぺ）と第四学年の「わたしの写真」（五九～六一ぺ）である。作成した者の記名が無いのだが、この冊子を受け取ったとき、これは自分のものだとメモしたものが残っている。第四学年の「わたしの写真」は、当時受け持っていた児童五名の写真を使っているのではっきり確認できる。

『ひろしまの作文教育』（昭和五〇年（一九七五）七月一日発行）は、「はじめのことば」として、当時広島市国語教育研究会長であった安田平一先生が、出版の経緯や目的などについて述べておられる。十五年目の記念の冊子の記述に続いて、次のように書かれている。

二十年目の記念としては、教師の作文指導の参考書として、本書の企画を致しました。「作文通信」を使用しての作文の授業の実際を提示し、多くの方の参考に供しご指導をも得たいと思ったものです。そのため、本年度の作文通信編集者全員が、授業案・授業記録・授業によって生まれた児童作品等をありのまま提出し、まとめて一冊にしたのが本書です。

当時、編集者（二九名）の一人であったわたしも載せていただいている。第四学年の授業で「くらしの中から――詩を書こう」という単元の中に作文通信（第四学年十一月（二〇巻第四号））と教科書の詩教材を取り上げて実践したもの（一四〇〜一四八ぺ）である。

本時の授業の中で、「作文通信」の三つの詩作品（「せいざい所」「かたっぽのくつ」「だいこんのめ」）を取り上げ、深い読みをさせて自分の詩作に結びつけようと試みた。この授業の結果としては、鑑賞の段階で終わってしまい詩作にまで結びつかなかった。児童一人一人の表現意欲を高め、具体的表現方法などの理解の必要などについて考察している。

「作文通信」は、広島市内の児童の作文指導の参考作品として、また、児童が自力で作文の学習ができるものとして発行し続けていた。しかし、平成五年（一九九三）三月をもって、諸般の事情で発行が終わった。編集に参加することによって、先生方の作文指導力を高めることのできる場が失われ、大変に残念なことである。

国語教育夏季講座への参加

国語教育講座は、前年度まで行われていた年四回の教科研究会や時々開かれていた国語同好会を母体として誕生したものである。このことについては、『広島市小学校国語教育の歩み――戦後――』（「Ｖの一　国語教育夏季講座」六七〜八〇ぺ）に詳しい。

講座の第一回は、昭和三十六年（一九六一）八月十日から十二日までの二泊三日、湯の山白雲閣を会場として開催された。この会は、途中会場などの変遷があったが現在も続いている。

この会の講師として広島大学の松永信一・野地潤家・森本正一・小川利雄の各先生方をお迎えしている。これ以外にも広島女子大学の木原茂先生・県教委の末田克美先生などもお迎えしている。会の後半では、前記の先生方以外の大学の先生や児童文学者などをお招きし、講師は多彩である。

安田女子大学・短期大学に転任したわたしも平成になって四度（三年・六年・八年・九年）演習をさせていただいた。

講座の第一回には、発表者四人（細井迪・榎野譲・高田亘の各先生と小生）の一人として発表させていただいた。広島市立中島小学校から広島大学附属東雲小学校に転任したばかりの年である。ここで全校的な研究テーマを国語科の授業でどのように実現すればよいかを考え、実践したことを発表した。この時の発表題目は「焦点的読解指導のための具体策」としている。

この講座への参加は、二十回くらいまでは毎回出席していたが、それ以後は、附属小学校での行事（とくに研究会開催が多くなるなど）や教務主任の仕事などで多忙を極め、次第に足が遠のいてしまった。

しかし、昭和五十一年度（一九七六）の第十六回からの研究集録「ひろしま国語教育の創造」が編集発行され、毎年学校に送られてきたので、講座の様子を知ることができ参考になった。

小学校国語教育研究の会（小国研）に参加

第一回の夏季講座に参加したとき、高田亘先生より小学校国語教育研究の会に参加するようお誘いがあった。わたしと同年齢の先生であるが、すでに実践・研究を深め、現場の国語教育をリードしておられた。お会いしてお話を聞いていると、わたしよりずっと先輩の感じであった。これ以後、ずっといろんな面でわたしをリードしていただいた。

先生には、『安田女子大学言語文化研究叢書6広島県国語教育実践研究文献目録第一集』（安田女子大学言語文化研究所編・平成一三・三・三一・研究所発行）の「II　広島県戦後国語教育実践個体史」の小学校の部に、先生の個体史を執筆していただいた。先生の国語教育への情熱・実践・研究の在り方や成果について知ることができ、学ぶことが多い。

小国研については、『広島市小学校国語教育の歩み――戦後――』（VIIの四　小学校国語教育研究の会（略称「小国研」））にのせてある。

この会で、野地潤家先生から読解・読書指導と作文指導の基礎的研究の在り方を学んだ。この研究の成果は、『「野口英世」伝の研究――読書指導のための基礎作業――』野地潤家編（明治図書出版・昭・四七年（一九七二）九月刊）『読書指導事典』野地潤家編（共文社・昭・五二年（一九七八）一〇月刊）『戦後作文教育文献解題――昭和二十年代・三十年代――』野地潤家編（渓水社・平・一一年（一九九九）一二月刊）として世に問うことができた。

この会では、それぞれが担当した文献の一冊を詳細に深く読み取り、その結果を文章に表現しプリントしてメンバーに発表した。相互に気づき・問題点などを交換した後、野地先生のご指導をいただいた。一度で合格になることは殆ど無く、二度三度と提出した。こうした基礎作業と研究を進め、この成果を出版に結びつけるため文章化した。これもメンバーに発表し、気づきや問題点を交換した。この後、野地先生から内容・表現などについて厳しいご指導をいただいた。

このような研究活動によって、研究の在り方、研究報告の在り方、文章表現など多くの貴重なご指導をいただいた。昭和三十七年（一九六二）十二月から平成十一年（一九九九）十二月までの三十七年間、毎月一回集まって会をもったことになり、記録によると四五〇回くらいになるようである。

ご指導いただいた野地先生には、学生時代に国語・国語教育関係の授業を受講している。卒業後も、夏季講座と小国研の場で引き続きご指導いただけるという幸運を得た。さらに、中島小学校から附属東雲小学校に転出するときと附属東雲小学校から安田女子大学・短期大学に転出するとき、ご推薦の労をとっていただいた。

先生から学んだことは多い。ご研究の姿勢・態度・ご研究の業績、優秀な研究者の育成など、数え上げるときりがない。先生からいただいたものも大きく多く、貴重なものである。これに報いることもできないままでいる自分を悔いるのみである。

おわりに

書き始めてみると、事実の確認や内容の充実のための資料不足を痛感した。こうした中でひろしま国語教育太河の会で編集された『広島市小学校国語教育の歩み――戦後――』から大きな手がかりをいただいた。

四十九年間の実践記録や研究会などの各種の資料をダンボール箱に詰め込んで、家の中や小さな倉庫に積み上げている。どれに何が入っているかわからないため、活用できない。この文章を書くに当たって事実・内容などを確認したくても殆どできず、曖昧な記述になっている。

わたしの成長をこれまで支えてくださった多くの方々にも触れないといけないが枚数制限の中ではできない。お許しをいただくと同時に、心より感謝申し上げたい。

あとがき

　ＩＴ技術が発達し、各学校にパソコン教室が設置されている。それが有効に生かされ、インターネットを通じ、遠距離あるいは広範囲の教育が可能になり、格段に教育環境、教育技術が発展しつつある。教育機器も発達し、効率のよい授業が展開されている。

　しかし、現場がどんどん変わっていったとしても、教育の基本はあまり変わらないのではないかと思う。それは、あくまでも人間が人間を教育するということである。人と人が出会い、個性と個性がぶつかりあい、切磋琢磨しながらそれぞれが伸びていくという面である。顔と顔をつき合わせ、互いがふれ合いを大事にしながら、勉強しあっていく。教師と子供もそうであり、教師と保護者でもそういう面がある。先輩、同僚も人間的なつながりが大事で、互いが認め合い、学びあいながら成長していく。

　昨今、そういう人間的なつながり、ふれ合いが希薄になってきたのではないだろうか。人間的なつながりが薄いが故の事件、出来事が起こっている。いじめ、暴力事件、不登校も一向に減っていかない。現在の教育界を見ながら、退職した者たちはこれからどうなっていくのだろうと心配をしている。

　この本は決して過去の実践自慢でも、いい教育をしてきたという自己満足のひけらかしでもない。それぞれが一生掛けて教師という仕事をやり遂げた結果として、何か一つ書いておこうではないかということで、自分の歩いてきた道を振り返り、教育の世界でのいい出会いを各自が出し合っている。

　人と人との出会いがいかに大切かをそれぞれが実感し、それが自分を支えてきたと信じている。今の世にもし、人間関係の希薄さが言われるのであれば、この本を読んでいただき、なるほどそういう人間関係も過去にあったのか、このように生きてきた人もいたのかと思ってもらえればいいと考えている。もし、今の教育に多少でも参考になる部分があれば、これに過ぎるものはない。

藤井秀昭

人、この素晴らしき出会い
——国語教師として生きて来て——

平成14年（2002）年10月10日　発行

編　者　ひろしま国語教育太河の会
事務局長　阿　川　淳　信
広島市東区牛田新町１丁目9-1（〒732-0068）
発行所　㈱ 溪 水 社
広島市中区小町1-4（〒730-0041）
電 話（082）246－7909
FAX（082）246－7876
E-mail: info@keisui.co.jp

ISBN-87440-714-5 C0037